5. Panzerdivision
(1956 – 1994)

„Eine deutsche Division im Zeichen des Nassauer Löwen"

Eine Chronik von Uwe Walter

„Die Strukturen und Verbände des deutschen Heeres"
(8. Teil)

Impressum

1. Auflage

Autor & Titel-Layout:
Uwe Walter, Herbstbreite 4, D-34497 Korbach
Fotos: Uwe Walter und angegebene Quellen
Covererstellung:
Sprenger-Druck, Arolser Landstraße 61, D-34497 Korbach
Copyright 2025
Verlag:
BoD · Books on Demand GmbH, Überseering 33, 22297 Hamburg,
bod@bod.de
Druck: Libri Plueros GmbH, Friedensallee 273, 22763 Hamburg
ISBN: 978-3-7693-5051-7

Inhaltsverzeichnis

Vorwort zur Chronik der 5. Panzerdivision
Autor Uwe Walter

Im Jahr 2008 habe ich das Buch „Von Wölfen, Leoparden und anderen Raubtieren" veröffentlicht und in diesem Buch waren auch die Chronik der Panzerbrigade 14 „Hessischer Löwe" mit seinen Verbänden sowie weiteren Truppenteilen der ehemaligen 5. Panzerdivision zu finden, darunter auch die Geschichte des Panzergrenadierbataillons 152 aus Schwarzenborn, dem heutigen Jägerbataillon 1 sowie dem in Sontra stationierten Panzeraufklärungsbataillon 5, die beide ebenfalls Truppenteile dieser Division gewesen sind.

Die nun vorliegende Chronik spiegelt aber nicht nur die Geschichte dieser Verbände wieder, sondern der kompletten 5. Panzerdivision in der Zeit ihrer Aufstellung im August 1956 in Süddeutschland bis zur Verschmelzung mit dem Wehrbereichskommando IV in Mainz zum „neuen" WBK IV / 5. Panzerdivision im Jahr 1994 im Rahmen der ersten großen Bundeswehrreform in den 1990iger Jahren.

Mit der Aufstellung der Kampfgruppen A5 sowie B5, der späteren Panzergrenadierbrigade 13 in Wetzlar sowie der Panzerbrigade 14 in Koblenz und dem Panzerartillerieregiment 5 führte das Divisionskommando auch gleich Großverbände. Das Panzerartillerieregiment wurde später zunächst in das Artillerieregiment 5 umbenannt und Anfang der 1980iger mit dem Artillerielehrregiment in Idar-Oberstein zum Artillerielehrregiment 5 zusammengelegt.

Da Mitte der 1970iger Jahre erst mit der Panzerbrigade 34 in Kassel die letzte fehlende Brigade aufgestellt wurde, erfuhr auch die 5. Panzerdivision eine Umgliederung innerhalb der Divisionen des III. Korps. Die bisher der 5. Panzerdivision unterstellte „alte" Panzerbrigade 14 in Koblenz wurde an die 12. Panzerdivision in Veitshöchheim abgegeben und die der 2. Panzergrenadierdivision unterstellte „alte" Panzerbrigade 6 wurde als „neue" Panzerbrigade 14 wiederum an die 5. Panzerdivision abgegeben.

Bedingt durch die deutsche Wiedervereinigung im Oktober 1990 kam aber auch für die Angehörigen der 5. Panzerdivision im Jahr 1994 die Zusammenlegung von Stab und Stabskompanie aus Diez mit dem Stab und der Stabskompanie des Wehrbereichskommandos IV in Mainz zum „neuen" Wehrbereichskommando IV / 5. Panzerdivision. Die Zusammenlegung der beiden Stäbe bedeute aber auch, dass ein Großteil der Verbände und selbstständigen Divisionstruppenteilen der 5. Panzerdivision aufgelöst werden mussten. Als bis heute übrig gebliebene Truppenteile der 5. Panzerdivision kann das in Schwarzenborn stationierte Jägerbataillon 1 und das heute zum Sanitätskommando gehörende Sanitätsregiment 2 „Westerwald" in Rennerod angesehen werden.

Die Informationen zu den einzelnen Verbänden wurden wie immer mir entsprechenden vorliegenden Standortbroschüren sowie persönlichen Gesprächen mit ehemaligen Angehörigen der unterstellten Verbände und selbstständigen Einheiten entnommen. Somit kann heute eine umfassende Chronik über das rund achtunddreißig Jahre Bestehen der Division veröffentlicht werden. Zudem wurden mir von ehemaligen Angehörigen der Division, befreundeten Fotografen und Soldaten Fotos für dieses Projekt zur Verfügung gestellt. Hierfür meinen herzlichen Dank.

Ich bedanke mich bei allen, die mich in den vergangenen fast fünfundzwanzig Jahren bei meiner Arbeit unterstützt haben oder auch zukünftig unterstützen, damit die Geschichte des deutschen Heeres nicht in Vergessenheit gerät, da auch sie ein Stück bundesdeutsche Geschichte ist. Bedauerlicherweise habe ich seit November letzten Jahres bis heute keine Antwort auf meine Anfrage sowie mehrmaligen Nachfragens wegen eines Vorwortes bei den angefragten „Landesvätern" in Hessen und Rheinland-Pfalz erhalten.

Allen Soldaten***innen und weiteren Angehörigen der Bundeswehr sowie allen weiteren Einsatzkräften wünsche ich bei den bevorstehenden Aufgaben, in den Einsätzen – egal ob im In- oder Ausland – alles Gute, viel Erfolg und Gottessegen!

Korbach, im Mai 2025

Uwe Walter

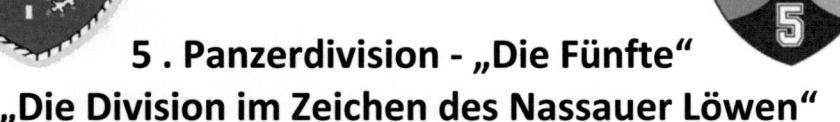

5 . Panzerdivision - „Die Fünfte"
„Die Division im Zeichen des Nassauer Löwen"

Die ersten Anfänge der wechselvollen Geschichte der FÜNFTEN PANZERDIVISION, sind am 1. August 1956 zu finden, als auf den Truppenübungsplätzen Grafenwöhr und Hohenfels mit einem Vorauspersonal von dreiundzwanzig Soldaten und Gerät aus amerikanischen Beständen mit der Aufstellung der Division begonnen wird. Als erstes Gerät ist beispielsweise der Kampfpanzer M41 „Walker Bulldog" oder das Flakgeschütz M16 zu nennen, das in dem Panzerflugabwehrartilleriebataillon 5 zu finden war.

Zunächst war die FÜNFTE dem Aufstellungsstab Süd, dem späteren II. Korps in Ulm und ab 1. April 1957 dem III. Korps in Koblenz unterstellt. Der Stationierungsraum der FÜNFTEN sollte nach den Planungen im Amt Blank, wie das Bundesministerium der Verteidigung bis 1955 hieß, ab dem Jahr 1957 die Bundesländer Hessen sowie Rheinland-Pfalz werden.

Als erste Kampf- und Kampfunterstützungsverbände die der 5. Panzerdivision unterstellt waren, sind hier besonders zu nennen:

- Panzerjägerbataillon 5, aus dem später das Panzerbataillon 194 und die Panzerjägerkompanie 130 entstehen sollten,
- Panzerbataillon 5, zunächst das Panzerbataillon 143, später erhält es die Nummer „343",
- Panzerbataillon 15, später durch Teilung die Panzerbataillone 54 (alt) und 134,
- Panzerbataillon 25, später das Panzerbataillon 153,
- Panzergrenadierbataillon 5, zunächst Panzergrenadierbataillon 142, später erhält es die Nummer „342",
- Panzergrenadierbataillon 15, später Panzergrenadierbataillon 133,
- Panzergrenadierbataillon 25, das zunächst das Panzergrenadierbataillon 152 in Westerburg wird und mit Heeresstruktur IV das Panzerbataillon 154,
- Panzerflugabwehrartilleriebataillon 5, aus dem zunächst das Flugabwehrbataillon 5 und später das Flugabwehrregiment 5 hervorgehen.
- Panzerfernmeldebataillon 5, das spätere Fernmeldebataillon 5,
- Panzerpionierbataillon 5, zunächst in Dillingen stationiert und später nach Hannoversch-Münden verlegt. Aus diesem Bataillon sollte später das Pionierbataillon 2 der 2. Panzergrenadierdivision in Hannoversch-Münden hervorgehen.

Das „neue" Panzerpionierbataillon 5 wird im Jahr 1958 aus Abgaben der Panzerpionierbataillone 2 (Holzminden) und 5 (Hannoversch-Münden) sowie des schweren Pionierbataillons 717 (Territoriale Verteidigung, Koblenz) erneut aufgestellt und im Jahr 1961 nach Lahnstein in die Deines-Bruchmüller-Kaserne verlegt, wo das Bataillon bis zu seiner Auflösung im Jahr 1992 stationiert ist.

Truppendienstlich führte das Divisionskommando zusätzlich das Panzerartillerieregiment 5, dessen Stab und Stabsbatterie ebenfalls in Grafenwöhr aufgestellt wurden. Im Jahr 1957 verlegt das Panzerartillerieregiment 5 nach Lahnstein, Deines-Bruchmüller-Kaserne.

Die endgültige Verlegung an ihren Endstandort erfolgt für den Stab und die Stabsbatterie des Artillerieregiments 5, wie das Panzerartillerieregiment seit seiner Umbenennung im März 1959 heißt, im Jahr 1961 auf Schloss Oranienstein in Diez an der Lahn. Bevor jedoch die Stabsbatterie und der Stab auf Schloss Oranienstein eintrafen, waren die beiden Regimentsteile für ein knappes dreiviertel Jahr in einem Gebäude der Diezer Standortverwaltung untergebracht.

Dem Panzerartillerieregiment 5 war das I. Bataillon / Panzerartillerieregiment 5 unterstellt und wurde ebenfalls ab August 1956 auf dem Truppenübungsplatz Hohenfels aufgestellt. Zusammen mit der Stabsbatterie und des Stabes des Regiments verlegt dieses Bataillon ebenfalls nach Lahnstein. Hier wird das Bataillon geteilt und aus diesen Teilen werden die Panzerartilleriebataillone 145 und 155 aufgestellt.

Das Panzerartilleriebataillon 145 scheidet Anfang der 1980iger Jahre aus dem Unterstellungsverhältnis zur Panzerbrigade 14 sowie damit auch zur Division aus und wird als Feldartilleriebataillon 545 der Heimatschutzbrigade 54 aus Trier unterstellt.

Als zweites Bataillon führte das Panzerartillerieregiment 5 das III. Bataillon / Panzerartillerieregiment 5, welches ebenfalls ab August 1956 in Grafenwöhr auf dem dortigen Truppenübungsplatz aufgestellt wurde und bereits im Frühjahr 1957 nach Wetzlar verlegt. Dort wird es am 16. März 1959 in Panzerartilleriebataillon 135 umbenannt, der Panzergrenadierbrigade 13 unterstellt und bleibt bis zu seiner Auflösung in Wetzlar stationiert.

Zeitgleich mit der Aufstellung des Stabes und der Stabskompanie wird auch mit der Aufstellung der der Division unterstellten Kampfgruppen A5 und B5 begonnen.

Aus diesen beiden Kampfgruppen werden am 16. März 1959 durch Umbenennung die Panzerbrigade 14 (aus Kampfgruppe A5) in Koblenz und die Wetzlarer Panzergrenadierbrigade 13 (aus Kampfgruppe B5) gebildet.

Nachdem im März 1957 die Verlegung des Stabes und der Stabskompanie der 5. Panzerdivision sowie die unterstellten Kampfgruppen nach Koblenz und Wetzlar abgeschlossen war, begann bereits ab April des selben Jahres die Aufstellung der Kampfgruppe C5, die ebenfalls in Koblenz stationiert wurde. Aus dieser Kampfgruppe wurde durch Umbenennung am 16. März 1959 die Panzerbrigade 15.

Ebenfalls zum 1. April 1957 ziehen die ersten Wehrpflichtigen in die Kasernen der Division ein, um ihren fünfzehn Monate dauernden Wehrdienst an zutreten.

In einem großen Appell erfolgte in Koblenz im Dezember 1957 die NATO-Assignation, die Unterstellung unter das atlantische Bündnis, zum 1. Januar 1958.

Die Verlegung des Divisionsstabes zusammen mit der Stabskompanie auf Schloss Oranienstein in Diez ist zum 1. Mai 1962 abgeschlossen. Schloss Oranienstein, in dem bereits der Stab und die Stabsbatterie des Artillerieregiments 5 Einzug erhalten hatten, sollte bis zur Umgliederung mit Einnahme der Heeresstruktur V Heimatstandort der 5. Panzerdivision bleiben.

Bei der ersten großen Herbstübung des III. Korps im September 1958 nimmt auch die 5. Panzerdivision als Übungsgruppe ROT teil.

Im Mai des Jahres 1959 führt die 5. Panzerdivision eine Reihe von Besuchen in Westerwaldorten durch, die den Titel „Feldzug der guten Kontakte" trägt, die als Vorläufer der späteren „Ausstellung unser Heer" angesehen werden kann.

Ausstellung „Unser Heer" in den frühen 1960iger Jahren,
die aus dem „Feldzug der guten Kontakte" hervorgeht
(Fotosammlung Uwe Walter / mit freundlicher Genehmigung Bundeswehr)

Erstmalig werden im Februar 1961 auch Teile der 5. Panzerdivision multinational eingesetzt, als die Panzerbrigade 14 aus Koblenz an der Übung „Wintershield I" der US-Army in Bayern teilnimmt und einer amerikanischen Panzerdivision unterstellt wird.

Soldaten der Division sind im Jahr 1960 bei der Erdbebenkatastrophe im marokkanischen Agadir im Einsatz, ebenso bei der Sturmflut in Hamburg im Februar des Jahres 1962.

Ebenfalls im Jahr 1962 führen Truppenteile der 5. Panzerdivision zusammen mit Soldaten der französischen Armee auf dem Truppenübungsplatz Mourmelon in der Champagne in Anwesenheit von Frankreichs Staatspräsident Charles de Gaulles und des deutschen Bundeskanzlers Dr. Konrad Adenauer ihr Leistungsvermögen vor.

In der Zwischenzeit hatte auch das Artillerieregiment 5 wieder umgegliedert:

Durch den Verlust der beiden Panzerartilleriebataillone, die – wie oben beschrieben – zu einem Brigadeartilleriebataillon wurden, führte der Stab des Regiments keine eigenen Artillerietruppen mehr. An der Artillerieschule in Idar-Oberstein wurde bereits am 1. April 1956 das Artillerielehrbataillon aufgestellt. Dieses Artillerielehrbataillon wurde im Jahr 1959 geteilt und aus einem dieser Teile entstand zunächst das Panzerartillerielehrbataillon 51, aus dem später das Feldartillerielehrbataillon 51 entstehen und dem Stab des Artillerieregiments 5 im Verteidigungsfall unterstehen sollte. Für wenige Übungen war das Panzerartillerielehrbataillon 51, später Feldartillerielehrbataillon 51, dem Artillerieregiment 5 unterstellt. In Friedenszeiten wurde es jedoch vom neu aufgestellten Artillerielehrregiment in Idar-Oberstein geführt und war ein Teil der Ausbildungsbataillone an der dortigen Artillerieschule.

Das Panzerartillerielehrbataillon 51 / Feldartillerielehrbataillon 51 hatte als Großgerät die Panzerhaubitzen M44 (155 mm) / M55 (203 mm) sowie die Feldhaubitze FH 105 mm in seinen Reihen. Dieses Großgerät wurde in den 1960iger Jahren bzw. 1970iger-Jahren durch die Feldkanone 175mm und die Feldhaubitze M110 SF (203 mm) auf Selbstfahrlaffette sowie die Feldhaubitze „FH-70" 155 mm ersetzt.

Panzerhaubitze M55 mit 203mm Kanone
(mit freundlicher Genehmigung Bundeswehr / Artillerieschule Idar-Oberstein)

Feldhaubitze 105mm, die von einem LKW 7-Tonner gezogen wurde
(Fotograf: Uwe Walter)

Als zweites Bataillon sollte das Artillerieregiment 5 ein Raketenartilleriebataillon führen, das unter anderem mit dem Raketenwerfer HONEST JOHN ausgestattet war. Im Lager Donnersberg in Eschweiler wurde am 1. September 1958 das Artillerielehrbataillon 422 aufgestellt und bereits ein halbes Jahr später als Artilleriebataillon 340 nach Gießen in die Steuben-Kaserne (das frühere Scharnhorst-Lager) verlegt. Im November 1962 wird das Bataillon in Raketenartilleriebataillon 340 umbenannt. Bevor das Bataillon dem Artillerieregiment 5 unterstellt wurde, war es zunächst dem Korpsartilleriekommandeur 3 und damit dem III. Korps in Koblenz unterstellt. Die endgültige Unterstellung unter das Artillerieregiment 5 und damit unter die 5. Panzerdivision erfolgte im Januar 1965. Mit diesem Unterstellungswechsel wurde das Bataillon auch in Raketenartilleriebataillon 52 umbenannt und gliederte sich in eine Stabs- und Versorgungsbatterie, drei schießende Batterien mit Raketenwerfer HONEST JOHN sowie als die fünfte Batterie als Begleitbatterie.

Abschuss HONEST JOHN
(Fotosammlung Uwe Walter / mit freundlicher Genehmigung Herr Ewert)

Mehrfachraketenwerfer 110 SF „LARS", hier die 2. Ausführung, die ab 1979 ausgeliefert wurde auf MAN Fahrgestell 7-Tonner (6x6)
(Fotosammlung Uwe Walter / mit freundlicher Genehmigung Bundeswehr)

Auch für die Soldaten der 5. Panzerdivision ist der 25. April 1965 ein besonderer Tag, als im Preußenstadion von Münster die vom damaligen Bundespräsidenten Heinrich Lübke gestifteten Truppenfahnen feierlich übergeben wurden.

Übergabe der Truppenfahnen, die von Bundespräsident Heinrich Lübke gespendet wurden
(Fotosammlung Uwe Walter / Nachlass Oberst Hartmann)

Die Divisionstruppenteile und die Panzerbrigade 14 aus Koblenz nehmen als Vertreter der 5. Panzerdivision mit rund dreitausend Soldaten am 6. Juni 1969 an einer Militärparade auf dem Nürburgring teil, die anlässlich der Gründung des atlantischen Bündnisses (NATO) vor zwanzig Jahren stattfindet.

Ende des Jahres 1969 gliederte sich die 5. Panzerdivision neben seinem Stab und der Stabskompanie in Diez – Schloss Oranienstein – in:

- Panzergrenadierbrigade 13 in Wetzlar,
- Panzerbrigade 14 in Koblenz,
- Panzerbrigade 15 in Koblenz-Niederberg,
- Artillerieregiment 5 in Diez, Schloss Oranienstein,
- Fernmeldebataillon 5 in Diez, Wilhelm-von-Nassau-Kaserne.
- Flugabwehrbataillon 5 in Lorch,
- Heeresfliegerbataillon 5 in Mendig,
- Heeresmusikkorps 5 in Koblenz,
- Panzeraufklärungsbataillon 5 in Sontra,
- Pionierbataillon 5 in Lahnstein,
- Sanitätsbataillon 5 in Rennerod

Im Januar 1970 begannen die ersten Umgliederungen innerhalb der Division zur Einnahme der Heeresstruktur III. Diese neue Heeresstruktur, das sogenannte Jägerkonzept, sah vor, dass die Großverbände des deutschen Heeres die Befähigung erlangten, in panzerungünstigem Gelände ein besseres Gefecht führen zu können. Das sogenannte Jägerkonzept bedeutete, dass auch das Panzergrenadierbataillon 132 in Schwarzenborn zu einem Jägerbataillon umgegliedert werden musste und seine Schützenpanzer abgab.

Die Panzergrenadierbrigade 13 musste somit das Panzergrenadierbataillon 132 in ein leichteres, transportfähiges Jägerbataillon um gliedern. Dieses Jägerbataillon 132 sollte vor allem schnell beweglich sein, in für Panzer ungünstigem Gelände.

Weiterhin wurde das Heeresfliegerbataillon 5 aufgelöst und aus den einzelnen Staffeln die Heeresfliegerstaffel 5 aufgestellt, die als selbstständiger Divisionstruppenteil truppendienstlich dem stellvertretenen Divisionskommandeur als Kommandeur der Divisionstruppen unterstand.

Innerhalb der Brigaden wurden die Versorgungsbataillone aufgelöst, aus denen die Instandsetzungs- und Nachschubkompanien als selbstständige Brigadeeinheiten der Brigaden hervorgingen. Die Sanitätskompanien der Versorgungsbataillone wurden in das Sanitätsbataillon 5 in Rennerod eingegliedert.

Um das Nachschubbataillon 5 als selbstständigen Divisionstruppenteil in Wetzlar aufzustellen, wurde das Versorgungsbataillon 136 der Panzergrenadierbrigade 13 herangezogen.

Im Jahr 1974 nimmt die 5. Panzerdivision in Volltruppenstärke als Übungstruppe Blau an der Korpsgefechtsübung „SCHNELLER WECHSEL", die in Ost- sowie Südhessen und Franken durchgeführt wird, teil. Besonders ist bei dieser Großübung zu erwähnen, dass die komplette 5. Panzerdivision in der Nacht bei Ochsenfurt über den Main im Fährbetrieb und auf Pontonbrücken übersetzt.

Die Geburtstagfeier zum zwanzigjährigen Bestehen der 5. Panzerdivision steht im Juni 1976 an. In Diez an der Lahn feiert die 5. Panzerdivision mit einem Sommerbiwak, bei dem in militärische Vorführungen der breiten Öffentlichkeit das Leistungsvermögen der Division gezeigt und zudem der „Große Zapfenstreich" auf Schloss Oranienstein aufgeführt wird.

Im Vorgriff auf die Erprobung der Heeresstruktur IV wird zum 1. Januar 1977 die Panzerbrigade 14 aus Koblenz an die 12. Panzerdivision abgegeben und zeitgleich wird der 5. Panzerdivision die Panzerbrigade 6 aus Neustadt von der 2. Jägerdivision unterstellt. Der Herbst ist für die Soldaten der 5. Panzerdivision die Zeit der großen Herbstmanöver. Zunächst nimmt die Division geschlossen an der Korpsgefechtsübung „STANDHAFTE CHATTEN" des III. Korps teil, bevor anschließend die Divisionsgefechtsübung „NASSAUER LÖWE" durch das Divisionskommando durchgeführt wird.

Kampfpanzer Leopard 1 des 5. Panzerdivision während der Heeresübung „Standhafte Chatten"
(Fotosammlung Uwe Walter / Nachlass S. Walter, Kassel)

Divisionsgefechtsübung „Nassauer Löwe" 1977
(Fotosammlung Uwe Walter / Nachlass S. Walter, Kassel)

Die Panzerbrigade 14 aus Koblenz, die seit etwas mehr als anderthalb Jahren der 12. Panzerdivision im fränkischen Veitshöchheim unterstellt ist, stellt im Juli 1978 Abordnungen sowie Material und Großgerät in Wiesebaden-Erbenheim aus, als im Rahmen seines Deutschlandbesuches der damalige US-Präsident Jimmy Carter und der deutsche Regierungschef Bundeskanzler Helmut Schmidt die amerikanische Garnison besuchen. Für knapp zwei Wochen wurde die Panzerbrigade 14 der 5. Panzerbrigade rückunterstellt.

In den Jahren 1975 bis 1979 wird den Verbänden und selbstständigen Einheiten der 5. Panzerdivision neues Großgerät zugeführt. So erhält beispielsweise das Panzeraufklärungsbataillon 5 in Sontra den Spähpanzer LUCHS, der die Spähpanzer kurz ersetzen.

Das Flugabwehrbataillon 5 in Lorch wird mit dem neuen Flugabwehrkanonenpanzer GEPARD ausgestattet und in ein Flugabwehrregiment umgegliedert.

An der **REFORGER**-Übung (**RE**turn-of-**FOR**ces-of-**GER**many, deutsch: Rückkehr der Streitkräfte nach Deutschland) „CONSTANT ENFORCER" im September 1979, die durch die amerikanischen Streitkräfte in Deutschland durchgeführt wird, nimmt die 5. Panzerdivision mit Teilen seiner Divisionstruppen sowie der Panzerbrigade 15 teil.

REFORGER 1979 „CONSTANT ENFORCER":
Amerikanisches Feldlager in der Nähe von Frankenberg an der Eder (oben)
und Heeresflieger der Bundeswehr (unten)
(Fotosammlung Uwe Walter/ Nachlass S. Walter, Kassel)

Die Einnahme der Heeresstruktur IV Anfang der 1980iger Jahre bedeutete auch für die Soldaten der 5. Panzerdivision erneute Umgliederungen sowie Neuaufstellungen, die sehr fordernd waren:

Diese neue Heeresstruktur sah vor, dass die Zahl der Kampftruppen von drei auf vier Bataillone je Brigade erhöht wurde. Um diese vier Bataillone pro Brigade aufgestellt zu bekommen, entwickelte man die sogenannten teilaktiven „1er"-Bataillone. Diese „1er"-Bataillone waren genauso gegliedert wie die anderen drei Bataillone der Brigade auch. Die Besonderheit war jedoch, dass der Stab sowie die Stabs- und Versorgungskompanie als nicht aktive Geräteeinheit gekadert war und die drei Kampfkompanien jeweils den drei verbliebenen Kampfbataillonen als fünfte aktive Kompanie unterstellt wurde. Im Verteidigungsfall wären die unterstellten Kompanien zurück unter das „1er"-Bataillon gewechselt sowie der Stab mit der Stabs- und Versorgungskompanie aktiviert worden. Somit hätten die drei Brigaden mit dem „1er"-Bataillon über ein viertes Kampfbataillon verfügt. Als sogenannte „1er"-Bataillone wurden das gemischte Panzergrenadierbataillon 131 sowie die gemischten Panzerbataillone 141 und 151 aufgestellt.

Von der Panzerbrigade 15 wurde das Panzerbataillon 154 in Hessisch-Lichtenau an die Panzergrenadierbrigade 5 abgegeben, dass in Panzerbataillon 54 (neu) umbenannt wird. Das in Westerburg stationierte Panzergrenadierbataillon 152, wird in das neue Panzerbataillon 154 umgegliedert. Die Panzerbrigade 15 erhält zudem das Jägerbataillon 132 in Schwarzenborn von der Panzergrenadierbrigade 13, welches in das Panzergrenadierbataillon 152 (neu) umgegliedert wird. Das heutige Jägerbataillon 1 ist als Jägerregiment 1 aus dem Panzergrenadierbataillon 152 hervorgegangen.

Übergabe des Jägerbataillons 132 an die Panzerbrigade 15 (oben) und
die Umbenennung in Panzergrenadierbataillon 152 (unten)
(Fotosammlung Uwe Walter / mit freundlicher Genehmigung Pressestab PzGrenBtl 152)

Auch das Artillerieregiment 5 verlor seinen Namen und wurde mit dem Stab sowie seiner Stabsbatterie zunächst nach Idar-Oberstein verlegt. Dort fusionierten die Teile des Artillerieregiments 5 mit dem Stab und der Stabsbatterie des Artillerielehrregiments zum Stab und Stabsbatterie Artillerielehrregiment 5.

Dem Artillerielehrregiment 5 bleiben neben dem Feldartillerielehrbataillon 51 auch das Raketenartilleriebataillon 52 in Gießen unterstellt, von dem allerdings die dritte Batterie nach Kusel verlegt und dem dortigen Panzerartillerielehrbataillon 345 zu Lehrzwecken unterstellt wird. Mit Einnahme der Artilleriestruktur `85 wird aus der vierten Batterie des Raketenartilleriebataillons am 1. April 1986 die Begleitbatterie 5 aufgestellt. Die Begleitbatterie hatte die Aufgabe, dass Sondermunitionslager Buseck, in der die atomare Munition für die Artillerieverbände der 5. Panzerdivision gelagert wurde, zu bewachen. Die Begleitbatterie 5 gliederte sich in vier Begleitzüge. Hinzu kamen weitere Dienststellen innerhalb der Batterie wie Schirrmeisterei, einem eigenen Instandsetzungs- sowie Sanitätstrupp.

Unterstellt wird zudem das Beobachtungslehrbataillon 53, welches in Idar-Oberstein in der Klotzberg-Kaserne stationiert ist.

Zum Schluss wurde noch die Panzerbrigade 6, die im hessischen Neustadt stationiert ist, in Panzerbrigade 14 umbenannt.

Damit gliederte sich die 5. Panzerdivision in der Heeresstruktur IV, die am 1. Oktober 1981 vollständig eingenommen wurde, neben Stab und Stabskompanie in:

- Panzergrenadierbrigade 13 in Wetzlar, mit den Panzergrenadierbataillonen 131 (ta), 132 und 133, dem Panzerbataillon 134 sowie dem Panzerartilleriebataillon 135,
- Panzerbrigade 14 in Neustadt (Hessen), mit den Panzerbataillonen 141 (ta), 143 und 144, dem Panzergrenadierbataillon 152 sowie dem Panzerartilleriebataillon 145,
- Panzerbrigade 15 in Koblenz-Niederberg, mit den Panzerbataillonen 151 (ta), 153 und 154, dem Panzergrenadierbataillon 152 sowie Panzerartilleriebataillon 155
- Artillerielehrregiment 5 in Idar-Oberstein, mit dem Feldartillerielehrbataillon 51, dem Raketenartilleriebataillon 52, dem Beobachtungslehrbataillon 53, der Begleitbatterie 5,
- Fernmeldebataillon 5 in Diez,
- Flugabwehrbataillon 5 in Lorch,
- Heeresfliegerstaffel 5 in Mendig,
- Heeresmusikkorps 5 in Gießen,
- Instandsetzungsbataillon 5 in Gießen,
- Nachschubbataillon 5 in Wetzlar,
- Panzeraufklärungsbataillon 5 in Sontra,
- Pionierbataillon 5 in Lahnstein,
- Sanitätsbataillon 5 in Rennerod,
- zudem acht nichtaktive Geräteeinheiten (Feldersatz- und Jägerbataillone)

In den Brigaden gab es in der Heeresstruktur IV neben den o. g. Bataillonen mit der Panzerjäger-, Panzerpionierkompanie sowie der Instandsetzungs- und Nachschubkompanie als die logistische Komponente selbstständige Brigadeeinheiten.

Bei der letzten großen Heeresübung des III. Korps „FRÄNKISCHER SCHILD" im September 1986 nimmt die 5. Panzerdivision als Übungstruppe ROT mit Teilen seiner Divisionstruppen und des Artillerielehrregiments 5 sowie den drei unterstellten Brigaden teil.

Im Herbst 1987 findet die Divisionsgefechtsübung „GOLDENER LÖWE" statt, die im Raum Siegen – Bad Hersfeld – Eschwege – Frankenberg (Eder) durchgeführt wird. Dieses ist vermutlich auch gleichzeitig die letzte freilaufende Großübung der Division in der Gliederung der Heeresstruktur IV.

Marschkolonnen mit Schützenpanzer MARDER der Panzergrenadierbrigade 13 aus Wetzlar im Raum Marburg
in den Verfügungsraum während der Divisionsgefechtsübung „Goldener Löwe"
(Fotosammlung Uwe Walter / Nachlass S. Walter, Kassel)

Als am 9. November 1989 der „eiserne Vorhang" fällt und die Regierung der ehemaligen Deutschen Demokratischen Republik seine Grenzen öffnet, werden auch Truppenunterkünfte der 5. Panzerdivision zu Flüchtlingsunterkünften. Knapp elf Monate später wird am 3. Oktober 1990 die deutsche Wiedervereinigung gefeiert.

Aufgrund des politischen Wandels in den Staaten Osteuropas – besonders durch die von dem damaligen sowjetischen Regierungschefs Michail Gorbatschow eingeleiteten Reformen von Glasnost und Perestroika – ist auch ein Umdenken in deutschen Sicherheitspolitik eingetreten. Zudem ist aufgrund der Zwei-Plus-Vier-Verträge, die die beiden deutschen Staaten mit den Siegermächten des 2. Weltkriegs ausgehandelt haben, eine maximale Anzahl von rund dreihunderttausend Soldaten in diesen Verträgen vorgesehen. Da auch die Nationale-Volksarmee der ehemaligen DDR in die Bundeswehr integriert werden muss und aufgrund von Sparmaßnahmen im Bundeshaushalt, ist eine deutliche Truppenreduzierung der Bundeswehr unabwendbar.

Als im Mai 1991 der damalige Bundesminister der Verteidigung, Dr. Gerhard Stoltenberg, sein Stationierungskonzept vorlegt, ist jedenfalls sicher, dass die 5. Panzerdivision zwar bestehen bleibt, aber in völlig veränderter Form. Zudem sollte das Feldheer, zu dem die drei Korps und zwölf Divisionen gehören, mit dem Territorialheer und seinen Wehrbereichskommandos verschmolzen werden.

Für die 5. Panzerdivision bedeutet dieses neue Stationierungskonzept, dass der Divisionsstab und die Stabskompanie von Diez nach Mainz verlegt und mit der Stabskompanie und dem Stab des Wehrbereichskommando IV zusammengelegt werden.

Für die einzelnen unterstellten Verbände bedeutete die Einnahme der neuen Heeresstruktur tiefe Einschnitte für die bisherige Gliederung der 5. Panzerdivision:

Von den Divisionstruppen mussten bis Mitte des Jahres 1994 das Instandsetzungs- sowie Nachschubbataillon 5, die Heeresfliegerstaffel 5, das Heeresmusikkorps 5, das Pionierbataillon 5 sowie das Flugabwehrregiment 5 und ein Großteil der nichtaktiven Feldersatzbataillone aufgelöst werden.

Das Artillerielehrregiment 5 wird ebenfalls umgegliedert und für die Begleitbatterie 5 sowie das Beobachtungsartillerielehrbataillon 53 bedeutete dies die Auflösung.
Umgegliedert wird auch das Feldartillerielehrbataillon 51, das mit Teilen des Beobachtungslehrbataillons 53 zum Beobachtungsartillerielehrbataillon 51 verschmilzt. Einige Jahre später wird das Bataillon mit der Panzerhaubitze M109 155 mm ausgerüstet und in das Beobachtungspanzerartillerielehrbataillon 51 umgegliedert.
Ein Teil des Raketenartilleriebataillons 52 verlegt von Gießen nach Kusel und Idar-Oberstein, wird mit dem „Lehrauftrag" ausgestattet und in Raketenartillerielehrbataillon 52 umbenannt. Die in Gießen verbliebenen Batterien sowie der Stab wurden aufgelöst.

Die Panzergrenadierbrigade 13 wurde bis auf die Panzerjägerkompanie 130, die eine Brigadeeinheit der Panzergrenadierbrigade 5 wird, komplett aufgelöst. Die Panzergrenadierbataillone 131, 132 und 133 sowie das Panzerbataillon 134 wurden mit einem Auflösungsappell sowie der Aufführung des „Großer Zapfenstreich" aus ihrer Garnisonsstadt Wetzlar verabschiedet und als Bundeswehrgarnison mit seinen beiden Kasernen komplett von der Bundeswehr aufgegeben.

Ebenfalls aufgelöst wurden von der Panzerbrigade 15 neben dem Stab und der Stabskompanie das Panzerbataillon 151, das Panzerartilleriebataillon 155, die Instandsetzungs- und die Nachschubkompanie 150. Das Panzerbataillon 153 verlegte nach Westerburg, wo das Großgerät als Geräteeinheit Langzeit eingelagert wurde und Stamm-Aufwuchsbeziehungen zum Panzerbataillon 154 aufnimmt. Bestehen bleibt auch das Panzergrenadierbataillon 152, das als Stammbataillon für das Panzergrenadierbataillon 142 geführt wird, sowie die Panzerjäger- und Panzerpionierkompanie 150. Die Panzerbataillone 154 / 153 (GE) sowie die Panzerjäger- und Panzerpionierkompanie 150 wechselten im Unterstellungsverhältnis zur Panzerbrigade 34, die als Panzerbrigade 14 bis zum Jahr 1976 bereits dem Divisionskommando angehörten und von der aufgelösten 12. Panzerdivision zurück in das Unterstellungsverhältnis zur 5. Panzerdivision wechselt.

Von den Brigadeverbänden sollte lediglich die Panzerbrigade 14 „Hessischer Löwe", die diesen Beinamen seit dem Jahr 1992 trägt, als teil mechanisierte Brigade erhalten bleiben.
Das bedeute, dass auch hier das Panzerbataillon 141, Panzerartilleriebataillon 145 sowie die Panzerjäger-, die Nachschub- und Instandsetzungskompanie 140 auf zu lösen sind. Das Panzerbataillon 144 wurde ebenso in eine nicht aktive Geräteeinheit umgegliedert, dass zum Panzerbataillon 143 Stamm-Aufwuchsbeziehungen aufnimmt – wie auch das Panzergrenadierbataillon 142, das zunächst nach Schwarzenborn verlegt, in eine nicht aktive Geräteeinheit umgegliedert wird und in Stamm-Aufwuchsbeziehungen zum dortigen Panzergrenadierbataillon 152 steht.
Das Panzerartilleriebataillon 65 und die Panzerjägerkompanie 60 aus Bad Arolsen wechselten unter das Unterstellungsverhältnis von der Panzerbrigade 6 aus Hofgeismar zur Panzerbrigade 14.

Schleppdächer mit untergestellten Kampfpanzer Leopard 2 in der Hessen-Kaserne in Stadtallendorf
(Fotosammlung Uwe Walter / Nachlass S. Walter, Kassel)

Neu aufgestellt wurde die Führungsunterstützungsbrigade 40 in Mainz sowie die Pionierbrigade 40 in Lahnstein. Die logistischen Einheiten wurden zunächst in dem Instandsetzungsregiment 5 und dem Nachschubregiment 5 zusammengefasst. Aus diesen beiden Regimentern ging später das Logistikregiment 5 in Schwalmstadt hervor. Für die letztgenannten Regimenter wurden teilweise neue Verbände aufgestellt, hier sind das Nachschubbataillon 51 sowie das Instandsetzungsbataillon 51 zu nennen.

Mit Organisationsbefehl Nr. 1277 / 94 (H) vom 28. Februar 1994 erfolgte die Fusion der Stäbe und der Stabskompanie der 5. Panzerdivision und des Wehrbereichskommandos IV zum 1. April 1994.
Dieses in Mainz stationierte neue Wehrbereichskommando IV / 5. Panzerdivision gliederte sich in:

- Stab und Stabskompanie Wehrbereichskommando IV / 5. Panzerdivision in Mainz,
- Panzerbrigade 14 in Neustadt Hessen mit den Panzergrenadierbataillonen 152 und 142 (Geräteeinheit), den Panzerbataillonen 143 und 144 (Geräteeinheit), dem Panzerartilleriebataillon 65 sowie als selbständige Brigadeeinheiten Panzerjägerkompanie 60, Panzerpionierkompanie 140 sowie der Panzeraufklärungskompanie 140,
- Panzerbrigade 34 in Diez mit den Panzergrenadierbataillonen 342 und 343 (Geräteeinheit), den Panzerbataillonen 154 und 153 (Geräteeinheit), dem Panzerartillerielehrbataillon 345 sowie als selbständige Brigadeeinheiten Panzerjägerkompanie 150, Panzerpionierkompanie 150 sowie der Panzeraufklärungskompanie 340,
- Artillerielehrregiment 5 in Idar-Oberstein mit Stab und Stabsbatterie, dem Beobachtungsartillerielehrbataillon 51, dem Raketenartillerielehrbataillon 52 und der Drohnenlehrbatterie 300,
- Pionierbrigade 40 in Lahnstein mit Stab und Stabskompanie, dem Pionierbataillon 320 sowie dem Schwimmbrückenbataillon 330 und dem ABC-Abwehrbataillon 310,
- Führungsunterstützungsregiment 40 in Mainz mit dem Stab und der Stabskompanie, den Heeresmusikkorps 9 und 300, Feldjägerbataillon 740 sowie dem neu aufgestellten Stabs-/Fernmeldebataillon 5,
- Instandsetzungsregiment 5 in Montabaur mit Stab und Stabskompanie sowie mit den beiden Instandsetzungsbataillonen 51 und 310,
- Nachschubregiment 5 in Schwalmstadt mit Stab und Stabskompanie, dem Nachschubbataillon 51 und dem Transportbataillon 370,
- Panzeraufklärungsbataillon 5 in Sontra,
- Sanitätsbataillon 5 (später Sanitätsregiment 5) in Rennerod

Patenschaften und Verbandswappen:

Die Soldaten der 5. Panzerdivision pflegten gute Kontakte zu der 3. (US) Panzerdivision in Frankfurt am Main sowie zur 1. (FR) Panzerdivision im rheinland-pfälzischem Trier. Mit beiden Großverbänden wurden durch den Tausch von Urkunden Patenschaften besiegelt.

Mit Stolz trugen die Soldaten der 5. Panzerdivision, deren Standorte hauptsächlich auf beiden Seiten des Rheins und seines Nebenflusses Lahn lagen, den Nassauer Löwen auf dem linken Ärmel ihrer Uniform.

Das Divisionsabzeichen, welches im Mai 1963 vom damaligen Heeresinspekteur genehmigt wurde, zeigt einen aufrechtstehenden Löwen, das Wappentier des Herrscherhauses Nassau-Oranien auf blauem Grund.

Mit ihrem Divisionsabzeichen bekannten sich die Soldaten der 5. Panzerdivision zur Tradition der Landschaft, in der sie ihr Zuhause gefunden haben und die mit dem alten Herzogtum Nassau weitgehend übereinstimmten. Sie bekannten sich damit gleichzeitig zu den Werten, für welche dieses Wappen Symbol ist. Das Haus Nassau mit seinen engen Verflechtungen zu den niederländischen, preußischen und anderen Herrschergeschlechtern stand immer ein für

Freiheit von Fremdherrschaft,
ritterliche Gesinnung,
Dienst gegenüber dem Gemeinwesen

Die Kommandeure der 5. Panzerdivision:

10/1956 – 12/1959	Generalmajor	Heinrich Baron von Behr,
03/1960 – 06/1962	Generalmajor	Günter Pape,
10/1962 – 03/1965	Generalmajor	Albert Schnez,
04/1965 – 09/1967	Generalmajor	Freiherr Freytag von Lohringhoven,
05/1967 – 09/1970	Generalmajor	Hans-Joachim von Hopffgarten,
09/1970 – 01/1974	Generalmajor	Heinz-Georg Lemm,
01/1974 – 09/1975	Generalmajor	Kurt von der Osten,
09/1975 – 09/1979	Generalmajor	Horst Wenner,
10/1979 – 09/1980	Generalmajor	Werner Heyd,
12/1980 – 09/1982	Generalmajor	Götz Mayer,
10/1982 – 07/1984	Generalmajor	Dr. Franz Uhle-Wettler,
07/1984 – 11/1986	Generalmajor	Wilhelm Jacoby,
12/1986 – 09/1991	Generalmajor	Peter Rohde,
10/1991 – 06/1993	Generalmajor	Dieter Stöckmann,
10/1993 – 03/1994	Generalmajor	Klaus von Heimendahl,
04/1994 – 03/1995	Generalmajor	Heribert Göttelmann

Fernmeldebataillon 5

Aufstellung:

Durch Umbenennung des Panzerfernmeldebataillons 5, am 1. August 1956 in Grafenwöhr aufgestellt, geht am 16. März 1959 das Fernmeldebataillon 5 hervor.

frühere Benennung:

1956 – 1959   Panzerfernmeldebataillon 5,

Standorte:

1956 – 1957   Grafenwöhr,
1957   Lahnstein, Deines-Bruchmüller-Kaserne,
1957 – 1969   Koblenz, Falckenstein-Kaserne,
1969 – 1993   Diez a. d. Lahn, Wilhelm-von-Nassau-Kaserne

Unterstellung:

1956 – 1993   5. Panzerdivision

Veränderung / Auflösung:

Das Fernmeldebataillon 5 wird mit Einnahme der Heeresstruktur V „Kaderung und schneller Aufwuchs" in das Stabs-/Fernmeldebataillon 5 umgegliedert, indem es mit Teilen des Fernmeldebataillons 330 fusionierte und nach Koblenz, Falckenstein-Kaserne, verlegt wurde. Es unterstand der Führungsunterstützungsbrigade 40.

Im Jahr 1998 wurde dieser Verband nach Lahnstein, Deines-Bruchmüller-Kaserne, verlegt.

Das Stabs-/Fernmeldebataillon 5 wurde ein halbes Jahr vor der Auflösung der 5. Panzerdivision und der Führungsunterstützungsbrigade 40 zunächst dem Führungsunterstützungsregiment 28 unterstellt und wechselte damit in den Organisationsbereich Streitkräftebasis, bevor es vom 1. Juli 2001 bis zum 30. Juni 2003 dem Führungsunterstützungsregiment 20 und damit der 1. Panzerdivision aus Hannover unterstellt wurde.

Der Grund dieser ungewöhnlichen Unterstellung war der Auftrag des Bataillons, da es für das „5. Einsatzkontingent KFOR" im ehemaligen Jugoslawien das Stabs-/Fernmeldebataillon KFOR aufzustellen hatte. Der Einsatz dauerte von Mai bis September 2002 und die 1. Panzerdivision war der Leitverband dieses Kontingents.

Im Jahr 2003 erfolgt die Rückunterstellung unter das Führungsunterstützungsregiment 28 und schied somit endgültig aus dem deutschen Heer aus. Seit dem 1. Oktober 2006 führt das Bataillon den Namen „Führungsunterstützungsbataillon 283".

Das Führungsunterstützungsbataillon 283 ist zum 1. Februar 2013 nach Auflösung des Führungsunterstützungsregiments 28 dem Führungsunterstützungsregiment 38 aus Storkow unterstellt worden, bevor die endgültige Auflösung zum 31. März 2015 erfolgte.

ausgestelltes Fernmeldegerät während einer öffentlichen Veranstaltung
(Fotosammlung Uwe Walter / Nachlass S. Walter, Kassel)

Flugabwehrregiment 5

Aufstellung:
Durch Umgliederung und Umbenennung des Flugabwehrbataillons 5, das durch Umbenennung des Flugabwehrartilleriebataillons 5 (1956 in Grafenwöhr als Panzerflugabwehrartilleriebataillon 5 aufgestellt) hervorgeht, wird am 1. Juli 1979 das Flugabwehrbataillon 5 aufgestellt.

frühere Benennungen:
1956 – 1959   Panzerflugabwehrartilleriebataillon 5,

1959 – 1979   Flugabwehrbataillon 5,

Standorte:
1956 – 1957   Grafenwöhr, Lager Algier,

1957 – 1965   Koblenz, Augusta-Kaserne,

1965 – 1993   Lorch, Rheingau-Kaserne

Unterstellung:
1956 – 1993   5. Panzerdivision

Auflösung:
Das Flugabwehrregiment 5 wird zum 31. März 1993 aufgelöst.

26

Transportpanzer FUCHS, als Führungsfahrzeug der 3. Batterie des Flugabwehrregiments 5 auch Lorch, der Anfang der 1980iger Jahre in die Flugabwehrverbände der Bundeswehr eingeführt wurde.
Auf diesem Foto ist ein Fahrzeug während einer Übungspause teilgetarnt zu sehen.
(Fotosammlung Uwe Walter / Nachlass S. Walter, Kassel)

Flugabwehrkanonenpanzer GEPARD des Flugabwehrregiments 5 im Jahr 1986 beim Flugabwehrschießen
(Fotosammlung Uwe Walter / Nachlass S. Walter, Kassel)

Heeresfliegerstaffel 5

Aufstellung:

Die Heeresfliegerstaffel 5 ging im Jahr 1971 aus dem Heeresfliegerbataillon 5 in Mendig hervor, welches im Jahr 1969 aufgestellt wurde.

Standort:

1971 – 1993/1994   Mendig, Günther-von-Plüschkow-Kaserne,

Unterstellung:

1971 – 1993/1994   5. Panzerdivision

Auflösung:

Zum 31. März 1994 wurde die Heeresfliegerstaffel 5 aufgelöst.

Mehrzweck-Verbindungshubschrauber BO-105, den es auch in der Version als Panzerhubschrauber gab
(Fotosammlung Uwe Walter / Nachlass S. Walter, Kassel)

(Fotograf: Uwe Walter)

Heeresmusikkorps 5

Aufstellung:

Das Heeresmusikkorps 5 wurde am 1. Oktober 1985 in Gießen neu aufgestellt.

Das „alte" Heeresmusikkorps 5, welches 1956 in Idar-Oberstein aufgestellt wurde, wurde im Jahr 1985 dem III. Korps unterstellt und in „Heeresmusikkorps 300" umbenannt.

Standort:

1985 – 1993   Gießen, Steuben-Kaserne

Unterstellung:

1985 – 1993   5. Panzerdivision

Auflösung:

Das Heeresmusikkorps 5 wurde am 31. März 1993 aufgelöst.

Instandsetzungsbataillon 5 (ta)

Aufstellung und Standorte:

Das teilaktive Instandsetzungsbataillon 5 wird ab Januar 1975 in Gießen aus Teilabgaben der Instandsetzungsbataillone 420 und 450 aufgestellt.

Das Bataillon war teilaktiv, d. h. die 5. Kompanie ist größtenteils eine nicht aktive Geräteeinheit gewesen. Lediglich ein Abschubzug dieser Kompanie war im Frieden aktiv. Die anderen drei Abschubzüge waren als Geräteeinheit langzeitgelagert und wären im Verteidigungsfall zu einer Kompanie aufgewachsen.

Die Standorte des Bataillons waren im Kalenderjahr 1989:

1./5   (Stab- und Versorgungskompanie) in Gießen, Berg-Kaserne,
2./5   (Instandsetzungskompanie Rad/Kette) in Koblenz-Niederberg, Fritsch-Kaserne,
3./5   (Instandsetzungskompanie Rad/Kette) in Gießen, Berg-Kaserne,
4./5   (Instandsetzungskompanie Elektronik) in Wetzlar, Sixt-von-Arnim-Kaserne,
5./5   (Abschubkompanie, teilaktiv) in Gießen, Berg-Kaserne,

Besonderheiten:

4./5 dass ein Zug in Idar-Oberstein als Drohneninstandsetzungszug stationiert war,
5./2 Abschubkompanie, von der im Frieden ein Abschubzug aktiv war

Unterstellung:

1975 – 1994   5. Panzerdivision

Auflösung:

Das Instandsetzungsbataillon 5 wird zum 31. März 1994 aufgelöst. Teile von ihm werden jedoch zur Aufstellung des Instandsetzungsbataillons 51 in Stadtallendorf herangezogen.

Schwerlasttransporter der 5. Kompanie des Instandsetzungsbataillons 5 transportieren Kampffahrzeuge, hier Schützenpanzer MARDER, in den Verfügungsraum bei der Heeresübung „GOLDENER LÖWE" der 5. Panzerdivision im Jahr 1992
(mit freundlicher Genehmigung Fotoarchiv C. Heide)

Bergepanzer STANDART in der Gießener Berg-Kaserne hat an seinen Kran einem Panzermotor hängen, der für einen Motorwechsel benötigt wird
(Fotosammlung Uwe Walter / Nachlass S. Walter, Kassel)

Nachschubbataillon 5

Aufstellung:

In Wetzlar, Spilburg-Kaserne, wird aus Personal- und Materialabgaben der Versorgungsbataillone 5 und 136 am 1. November 1975 das Nachschubbataillon 5 aufgestellt.

Standort:

Das Nachschubbataillon 5 war an folgenden Standorten stationiert:

1. / 5 (Stab- und Versorgungskompanie), Spilburg-Kaserne Wetzlar,
2. / 5 (Nachschubkompanie), Spilburg-Kaserne Wetzlar,
3. / 5 (Nachschubkompanie Material), Diez an der Lahn.
4. / 5 (Mengenverbrauchsgüterkompanie, Geräteeinheit), Steuben-Kaserne Gießen,
5. / 5 (Mengenverbrauchsgüterkompanie, Geräteeinheit), Steuben-Kaserne Gießen,
6. / 5 (Transportkompanie, teilaktiv), Steuben-Kaserne Gießen,
7. / 5 (Transportkompanie, Geräteeinheit), Steuben-Kaserne Gießen,

Die in Gießen stationierten Kompanien waren nicht aktive Geräteeinheiten, jedoch war lediglich ein Transportzug der 6./5 mit Straßentankwagen in Wetzlar aktiv.

Unterstellung:

1975 – 1993   5. Panzerdivision

Veränderung / Auflösung:

Das Nachschubbataillon 5 wird zum 30. September 1993 aufgelöst.

MAN 10-t (8x8) mit denen auch die Nachschubbataillone der Bundeswehr ausgestattet waren
(Fotosammlung Uwe Walter / Nachlass S. Walter, Kassel)

Pionierbataillon 5

Aufstellung:
Am 1. April 1959 wird durch Umbenennung des Panzerpionierbataillons 5 das „neue" Pionierbataillon 5 aufgestellt.

frühere Benennung:
1958 – 1959   Panzerpionierbataillon 5,

Standorte:
1958 – 1961   Koblenz, Rhein-Kaserne,

1961 – 1991   Lahnstein, Dainas-Bruchmüller-Kaserne,

Unterstellung:
1958 – 1991   5. Panzerdivision

Auflösung:
Das Pionierbataillon 5 wird zum 30. September 1991 als erstes Pionierbataillon der Bundeswehr im Rahmen der Einnahme der Heeresstruktur V „Kaderung und schneller Aufwuchs" aufgelöst.

Mercedes Benz Langhauber der einen Bootsanhänger des Pionierbataillons 5 zieht
Das Foto wurde vermutlich während einer freilaufenden Übung aufgenommen
(Fotosammlung Uwe Walter / Nachlass S. Walter, Kassel)

Aufbau eines Brückenschlages mit Faltschwimmbrücke (FSB) durch das Pionierbataillon 5 bei Rörshain
(Fotosammlung Uwe Walter / Nachlass S. Walter, Kassel)

33

Panzeraufklärungsbataillon 5

Aufstellung:

Am 1. Juli 1956 wird in Neutram-Dannenberg das Panzeraufklärungsbataillon 5 aufgestellt.

Standorte:

1956   Neutram-Dannenberg,

1956 – 1962   Fritzlar,

1962 – 2008   Sontra, Husaren-Kaserne

Unterstellungen:

1956 – 2000   5. Panzerdivision,

2001 – 2006   7. Panzerdivision,

2006 – 2008   Gebirgsjägerbrigade 23

Auflösung:

Die Auflösung des Panzeraufklärungsbataillons 5 erfolgt zum 30. Juni 2008. Teile (2./5 und 3./5) gehen im neu aufgestellten Gebirgsaufklärungsbataillon 230 in Füssen auf.

Blick in die Schleppdecher im Technischen Bereich der Husaren-Kaserne in Sontra, wo
Spähpanzer LUCHS abgestellt sind – hier der 2. Kompanie
(Fotosammlung Uwe Walter / Nachlass S. Walter, Kassel)

Transportpanzer Fuchs und Spähpanzer Luchs des Panzeraufklärungsbataillons 5 während eines Auslandseinsatzes auf dem Balkan -
vermutlich im Jahr 1995 oder 1999
(mit freundlicher Genehmigung Panzeraufklärungsbataillon 5, Herr OTL Röhrig / Fotograf: OSF a. D. Klaus Schindler)

Der neue Spähwagen FENNEK, der als Nachfolger des Spähpanzer LUCHS auch
im Panzeraufklärungsbataillon 5 erprobt wurde
(Fotosammlung Uwe Walter / mit freundlicher Genehmigung Panzeraufklärungsbataillon 5, Herr OTL Röhrig)

35

Sanitätsbataillon 5

Aufstellung:

In Brannenburg-Degerndorf wird am 21. März 1957 das Panzersanitätsbataillon 5 aufgestellt, aus dem am 1. April 1958 durch Umbenennung das Sanitätsbataillon 5 entsteht.

Standorte:

1957   Brannenburg-Degerndorf, Karfreit-Kaserne,

1957 – 1969   Koblenz, diverse Kasernen – zuletzt Augusta-Kaserne,

1969 – 1997   Rennerod, Alsberg-Kaserne

Unterstellung:

1957 – 1994   5. Panzerdivision,

1994 – 1997   Wehrbereichskommando IV / 5. Panzerdivision

Veränderung / Auflösung:

Zum 1. April 1997 wird das Sanitätsbataillon in das Sanitätsregiment 5 umgegliedert und bleibt in Rennerod stationiert sowie dem Wehrbereichskommando IV / 5. Panzerdivision unterstellt.

Mit Auflösung des Wehrbereichskommando IV / 5. Panzerdivision wird das Sanitätsregiment 5 zum 1. Oktober 2001 dem Sanitätskommando II in Diez unterstellt und im Januar 2003 in das Lazarettregiment 21 umgegliedert.

Das Sanitätsregiment 5 scheidet somit aus dem deutschen Heer aus und wird dem Organisationsbereich Sanitätsdienst unterstellt.

Das Lazarettregiment 21 wird am 1. Juli 2015 mit Teilen in das Sanitätsregiment 2 überführt und gilt damit zum 31. Dezember 2015 als aufgelöst.

Das Sanitätsregiment 2, das heute den Beinamen „Westerwald" trägt, ist mit insgesamt 11 Kompanien in den zwei Standorten Rennerod und Koblenz stationiert.

Sanitätspanzer „KURZ" im Eingangsbereich der Alsberg-Kaserne,
der an die Zeit des Sanitätsbataillon 5 erinnern soll
(Fotograf: Uwe Walter)

Feldersatzbataillon 51 (GE)

Das Feldersatzbataillon 51 (GE) wurde vermutlich erst im Jahr 1985 im Rahmen der Heeresstruktur IV in Lahnstein, Deines-Bruchmüller-Kaserne, als Geräteinheit und somit als nicht aktiver Divisionstruppenteil der 5. Panzerdivision aufgestellt.

Neben einem Stab sowie einer Stabs- und Versorgungskompanie gliederte sich das Feldersatzbataillon 51 (GE) in vier Feldersatzkompanien.

Vermutlich vor der Einnahme der Heeresstruktur V wurde bereits im Jahr 1989 das Feldersatzbataillon 51 (GE) aufgelöst.

Feldersatzbataillon 52 (GE)

Das Feldersatzbataillon 52 (GE) wurde als nicht aktive Geräteeinheit im Rahmen der Einnahme der Heeresstruktur IV, vermutlich im Jahr 1985, im Mobilmachungsstützpunkt Schloss Oranienstein in Diez aufgestellt.

Neben einem Stab sowie einer Stabs- und Versorgungskompanie gliederte sich das Bataillon in fünf Feldersatzkompanien.

Im Mobilmachungsstützpunkt Schloss Oranienstein wurde die nicht aktive Geräteeinheit vermutlich während der Erprobung der Heeresstruktur V, spätestens aber bei Einnahme dieser Heeresstruktur, zu einem unbekannten Zeitpunkt aufgelöst.

Feldersatzbataillon 53 (GE)

Das Feldersatzbataillon 53 (GE) wurde als nicht aktive Geräteeinheit im Rahmen der Einnahme der Heeresstruktur IV im Mobilmachungsstützpunkt Ockershausen bei Marburg an der Lahn im Jahr 1985 aufgestellt und gliederte sich neben einem Stab sowie einer Stabs- und Versorgungskompanie in vier Feldersatzkompanien.

Die Auflösung des Bataillons erfolgte zu einem unbekannten Zeitpunkt

Feldersatzbataillon 54 (GE)

Das Feldersatzbataillon 54 (GE) wurde als nicht aktive Geräteeinheit im Rahmen der Einnahme der Heeresstruktur IV im Mobilmachungsstützpunkt Stadtallendorf aufgestellt und wurde zu einem unbekannten Zeitpunkt aufgelöst.

Wie die nicht aktiven Geräteeinheiten Feldersatzbataillon 51 und 53 gliederte es sich neben dem Stab sowie einer Stabs- und Versorgungskompanie in vier Feldersatzkompanien.

Feldersatzbataillon 55 (GE)

Das Feldersatzbataillon 55 (GE) wurde als nicht aktive Geräteeinheit im Mobilmachungsstützpunkt Haiger aufgestellt und dort auch zu einem unbekannten Zeitpunkt aufgelöst. Wie die Feldersatzbataillone 51, 53 und 54 nahm es dieselbe Gliederung ein.

Jägerbataillon 56 (GE)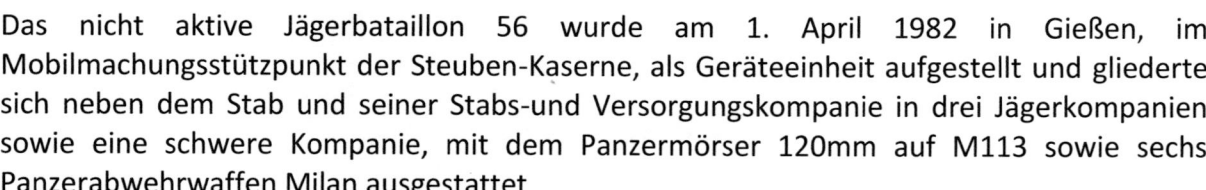

Das nicht aktive Jägerbataillon 56 wurde am 1. April 1982 in Gießen, im Mobilmachungsstützpunkt der Steuben-Kaserne, als Geräteeinheit aufgestellt und gliederte sich neben dem Stab und seiner Stabs-und Versorgungskompanie in drei Jägerkompanien sowie eine schwere Kompanie, mit dem Panzermörser 120mm auf M113 sowie sechs Panzerabwehrwaffen Milan ausgestattet.

Zum 1. Oktober 1992 wird das Jägerbataillon 56 (GE) zum Heimatschutzbataillon 56, ebenfalls eine nicht aktive Geräteeinheit, umgegliedert und schließlich bis zum 30. Juni 2006 aufgelöst.

Mit Auflösung der 5. Panzerdivision im Jahr 2001 wird das Heimatschutzbataillon 56 vermutlich dem Wehrbereichskommando II unterstellt.

Jägerbataillon 57 (GE)

Im Mobilmachungsstützpunkt Emmerzhausen am Lager Stegskopf wird im Jahr 1981 das Jägerbataillon 57 (GE) als nicht aktive Geräteeinheit aufgestellt und gliederte sich neben dem Stab und einer Stabs-und Versorgungskompanie in drei Jägerkompanien sowie eine schwere Kompanie, die mit dem Panzermörser 120mm auf M113 sowie sechs Panzerabwehrwaffen Milan ausgestattet waren.

Mit Einnahme der Heeresstruktur V wird das Jägerbataillon 57 (GE) zu einem unbekannten Zeitpunkt im Jahr 1992 aufgelöst.

Sicherungsbataillon 58 (GE)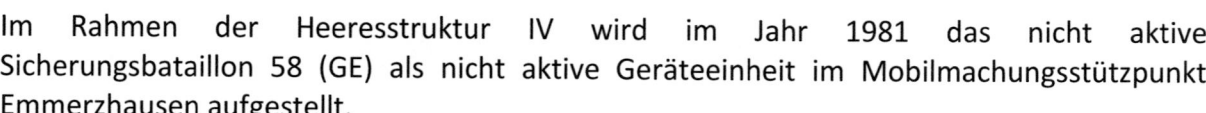

Im Rahmen der Heeresstruktur IV wird im Jahr 1981 das nicht aktive Sicherungsbataillon 58 (GE) als nicht aktive Geräteeinheit im Mobilmachungsstützpunkt Emmerzhausen aufgestellt.

Das Sicherungsbataillon 58 (GE) gliederte sich neben dem Stab in eine Stabs- und Versorgungskompanie sowie drei Sicherungskompanien.

Mit Einnahme der Heeresstruktur IV wird das Sicherungsbataillon 58 (GE) bis zum 31. Dezember 1993 aufgelöst.

 # Artillerielehrregiment 5

Das Artillerielehrregiment 5 war in den Jahren 1956 bis 1981 auf drei verschiedene Komponenten aufgebaut, bevor diese mit Einnahme der Heeresstruktur IV in Idar-Oberstein am 1. Oktober 1981 als Artillerielehrregiment 5 zusammengezogen wurden.

1. Komponente - Artillerieregiment 5:

Eine dieser Komponenten war das eigentliche Artillerieregiment 5, das seine „Wurzeln" im süddeutschen Raum auf dem Truppenübungsplätzen Grafenwöhr und Hohenfels hatte.
Bereits im August 1956 konnte mit Aufstellung des Stabes und der Stabsbatterie Panzerartillerieregiment 5 sowie des I. Bataillons - mit drei schießenden Batterien Panzerhaubitze M7B2 ausgestattet – sowie des III. Bataillons, das mit den Panzerhaubitzen M44 Kaliber 155mm und M55 Kaliber 203mm ausgestattet war, begonnen werden.
Der Vorteil für die Artilleristen war, dass die Endstandorte in Niederlahnstein und Wetzlar bereits bekannt waren und so verlegten die Einheiten bereits im März 1957 dorthin.

leichte Panzerhaubitze M7B2 „PRIEST" mit 105mm Kanone,
mit der das I. Bataillon / Panzerartillerieregiment 5 ausgestattet war
(Fotograf: Uwe Walter)

mittlere Panzerhaubitze M44 mit 155mm Kanone, mit der das III. Bataillon / Panzerartillerieregiments 5 ausgestattet war
(mit freundlicher Genehmigung Bundesministerium der Verteidigung)

schwere Panzerhaubitze M55 mit 203mm Kanone, mit der ebenfalls
das III. Bataillon / Panzerartillerieregiment 5 ausgestattet war
(mit freundlicher Genehmigung Bundesministerium der Verteidigung)

Mit Einnahme der Heeresstruktur II wurde das Panzerartillerieregiment 5 in Artillerieregiment 5 umbenannt und die beiden Bataillone in die Panzerartilleriebataillone 135 und 155, die der Panzergrenadierbrigade 13 und der Panzerbrigade 15 unterstehen, umbenannt.
Damit verfüge das Artillerieregiment 5 zunächst nicht mehr über eigene Bataillone.

Durch Teilung des Artillerielehrbataillons in Idar-Oberstein erfolgte die Aufstellung des Panzerartillerielehrbataillons 51 – ab 1966: Feldartillerielehrbataillon 51 – welches im Unterstellungsverhältnis ein Verband der Artillerieschule gewesen ist und zu Übungszwecken oder aber im Verteidigungsfall dem Artillerieregiment 5 unterstellt worden wäre. Dieses Bataillon verfügte neben der Feldhaubitze 105mm M2 A1 auch über die Panzerhaubitzen M44 und M55. Später wurden dieses Großgerät durch die Feldkanone 175mm M107 und die Haubitze 203mm M110 SF auf Selbstfahrlafette umgerüstet. Die Umrüstung auf die Feldhaubitze 155mm 155-1 „FH-70" erfolgte ab dem Jahr 1979.

Eine weitere Einheit des Regiments war die Raketenartillerie. Im Jahr 1958 wurde an der Raketenschule in Eschweiler, Lager Donnersberg, das Artillerielehrbataillon 422 als das älteste Raketenartilleriebataillon der Bundeswehr aufgestellt und bereits zum 1. April 1959 in das Raketenartilleriebataillon 340 umbenannt. Zunächst war dieses Bataillon ein Bataillon des Artilleriekommandos 3, des damaligen III. Korps aus Koblenz. Ebenfalls im Jahr 1959 verlegt das Bataillon nach Gießen, in das Scharnhorst-Lager. Im Jahr 1965 wird es in Raketenartilleriebataillon 52 umbenannt und gliederte sich neben dem Stab und einer Stabs- und Versorgungsbatterie in drei schießende Batterien sowie einer Begleitbatterie. Das Raketenartilleriebataillon 52 war mit dem Raketenwerfer HONEST JOHN und dem Raketenwerfer 110 SF auf Selbstfahrlafette ausgestattet.
Am 12. Dezember 1978 erfolgte für alle Raketenartilleriebataillone der Bundeswehr der letzte Abschuss einer HONEST JOHN durch das Raketenartilleriebataillon 52.
Im ersten Halbjahr 1981 verlegte die 3. Batterie als Lehrbatterie der Artillerieschule nach Idar-Oberstein. Im Verteidigungsfall oder zu Übungszwecken wurde diese Batterie dem Raketenartilleriebataillon 52 unterstellt.

Das dritte Bataillon des Artillerieregiments 5 war das Beobachtungsbataillon 53. Seine Anfänge reichen bis zum Jahr 1956 in Idar-Oberstein zurück, als dort die Beobachtungslehrbatterie aufgestellt und bereits 1957 in der Hohl-Kaserne stationiert wird.
Diese Lehrbatterie wird im Jahr 1970 neben der Schallmessbatterie 5 und der Radarbatterie 5 zur Aufstellung des Beobachtungsbataillons 5 herangezogen. Dieses Bataillon wird im Rahmen der weiteren Umgliederung des deutschen Heeres im Jahr 1979 in Beobachtungsbataillon 53 umbenannt.

Das Artillerieregiment 5 – welches zum 30. September 1981 aufgelöst wurde – hatte am Tag seiner Auflösung nachfolgende Gliederung:

- Stab und Stabsbatterie Artillerieregiment 5 in Diez,
- Feldartillerielehrbataillon 51 in Idar-Oberstein,
- Raketenartilleriebataillon 52 in Gießen,
- Beobachtungsbataillon 53 in Birkenfeld,

Die Kommandeure des Artillerieregiments 5 waren:

Oberst Höfer, Oberst von Sierakowski, Oberst Sturm, Oberst Leidholdt, Oberst Rohde, Oberst Kallmeyer, Oberst Ohnesorge, Oberst Meyer,

Raketenwerfer HONEST JOHN
(mit freundlicher Genehmigung Artillerieschule Idar-Oberstein)

2. Komponente - Artillerielehrregiment:

Die ersten Anfänge des Artillerielehrregiments sind bereits im Jahr 1956 zu finden, als die Gründung der Artillerieschule in Idar-Oberstein als Lehrgruppe erfolgt. Dieser Lehrgruppe war zunächst das Artillerielehrbataillon unterstellt und ein halbes Jahr später erfolgte auch die Unterstellung der Beobachtungslehrbatterie 373.

Mit Einnahme der Heeresstruktur II erfolgt im Jahr 1959 auch die Aufstellung des Stabes und der Stabsbatterie des Artillerielehrregiments.

Neben dem eigentlichen Lehrauftrag zählten auch der allgemeine Ausbildungsauftrag und der Einsatzauftrag zu den Aufgaben des Artillerielehrregiments.

Das Artillerielehrregiment wurde zum 30. September 1981 aufgelöst.

Die Kommandeure des Artillerielehrregiments waren:

Oberst Höfer, Oberst Weber, Oberst Vetter, Oberst Neumann, Oberst Dr. Wilhelm, Oberst Hunger, Oberst Siebler, Oberst Berger, Oberst Meier

3. Komponente - Raketenschule der Bundeswehr:

Als dritte Komponente gab es im Bereich der Artillerie die Raketenartillerieschule der Bundeswehr in Geilenkirchen, an der unter anderem die Raketenartilleriebataillone der Bundeswehr-Korps aufgestellt wurden.

Der Raketenartillerieschule war zu Lehrzwecken das Raketenartillerielehrbataillon 72 aus Wuppertal unterstellt.
Dieses Bataillon war ein Truppenteil des Artillerieregiments 7 aus Dülmen und gehörte damit im Unterstellungsverhältnis zur 7. Panzergrenadierdivision aus Unna.

Um an der Artillerieschule weiterhin eine zweite „Lehrbatterie" der Raketenartillerie zu stationieren, wurde die fünfte Batterie des Raketenartilleriebataillons 150 aus Wesel, eine mit Raketenwerfern LANCE ausgestattete Batterie, nach Idar-Oberstein, Hohl-Kaserne, verlegt, die der Lehrgruppe B der Artillerieschule truppendienstlich unterstand.

Auch die Raketenartillerieschule der Bundeswehr wurde zum 30. September 1981 aufgelöst.

**Raketenwerfer LANCE, hier als Ausstellungsstück in der Karl-Günther-Kaserne in Sondershausen
beim damaligen und mittlerweile aufgelösten Raketenartilleriebataillon 132
(Fotograf: Uwe Walter)**

Das Artillerielehrregiment 5 von 1981 bis zur Heeresstruktur V:

Das Artillerielehrregiment 5 wurde am 1. Oktober 1981 in Idar-Oberstein aufgestellt. Es entstand durch die Zusammenlegung der beiden Stäbe und der Stabsbatterien des Artillerielehrregiments sowie Artillerieregiment 5, die beide zum 30. September aufgelöst wurden.

Zunächst gliedert sich das Artillerielehrregiment 5 bis zum 31. März 1986, dem Datum der Einnahme der Artilleriestruktur `85 in:

- Stab und Stabsbatterie Artillerielehrregiment 5 in Idar-Oberstein,
- Feldartillerielehrbataillon 51 in Idar-Oberstein,
- Raketenartilleriebataillon 52 in Gießen,
- Beobachtungslehrbataillon 53, Idar-Oberstein

Ausgestattet ist das Feldartillerielehrbataillon 51, das über eine Stabs- und Versorgungsbatterie (1./L51), verfügt, mit drei unterschiedlichen artilleristischen Waffensystemen:
In der 2./L51, 3./L51 und 4./L51 sind die Feldhaubitzen 155-1/FH-70 eingegliedert, die von einem LKW gezogen werden. Besonderheit dieser Haubitzen ist, dass diese über einen Motor verfügen, die so in die Artilleriestellung gefahren werden können, wo der Zugang für schwere LKW nicht möglich ist. In der 5./L51 sind neben den schweren Feldhaubitzen 203mm auf Selbstfahrlafette, genannt M-110 SF, auch sechs Feldhaubitzen 105mm für die Ausbildung an der Artillerieschule zu finden.

Bis zum Jahr 1986 gliederte sich das Raketenartilleriebataillon 52 neben dem Stab sowie der Stabs- und Versorgungsbatterie (1./52) in drei schießenden Batterien, ausgestattet mit Mehrfachraketenwerfer LARS (2./52, 3./52 und 4./52). Die Besonderheit der 3./52 war, dass diese Batterie in Kusel stationiert und dem dortigen Panzerartilleriebataillon 345 als Lehrbatterie unterstellt war.

Unterstellt wird dem Kommandeur des Artillerielehrregiments 5 ebenfalls das Beobachtungslehrbataillon 53, das mit Einnahme der Heeresstruktur IV durch Umbenennung des Beobachtungsbataillons 53 hervorgeht und mit dem „Lehrauftrag" ausgestattet wird. Gegliedert ist dieses Bataillon neben einer Stabs- und Versorgungsbatterie (1./L53) in eine Schallmeßbatterie (2./L53), eine Radarbatterie (3./L53) sowie eine Drohnenbatterie (4./L53).

Mit Einnahme der Artilleriestruktur `85 wird aus der vierten Batterie des Raketenartilleriebataillons 52 am 1. April 1986 die Begleitbatterie 5 aufgestellt. Die Begleitbatterie 5 hatte die Aufgabe, dass Sondermunitionslager Buseck, in der die atomare Munition für die Artillerieverbände der 5. Panzerdivision gelagert wurde, zu bewachen. Die Begleitbatterie 5 gliederte sich in vier Begleitzüge. Hinzu kamen weitere Dienststellen innerhalb der Batterie wie Schirrmeisterei, einem eigenen Instandsetzungs- sowie Sanitätstrupp. Um die Tätigkeit auszuüben, arbeiteten die Soldaten eng mit dem 30th US Army Field Artillery Detachment in Gießen zusammen, dessen Angehörige wie die Angehörigen der Begleitbatterie 5 ebenso in der Steuben-Kaserne untergebracht waren.

Außenansicht ehemaliges Atomwaffenlager – auch als Sondermunitionslager bezeichnet – Buseck im November 2017
(Fotograf: Uwe Walter)

Für das Raketenartilleriebataillon 52 hatte der Verlust der vierten Batterie zur Folge, dass diese Batterie neu aufgestellt und diesmal mit dem „neuen" Waffensystem Mehrfachraketenwerfer MARS (**M**ittleres **A**rtillerie **R**aketen **S**ystem) in Gießen ausgestattet wurde. Eine fünfte Batterie wird in Kusel als Lehrbatterie neu aufgestellt, die dem dortigen Panzerartillerielehrbataillon 345 unterstellt wurde und ebenfalls mit MARS ausgestattet.

Zudem hatte das Artillerielehrregiment 5 im Rahmen der Artilleriestruktur `85 zwei Artilleriespezialzüge zu stellen, die im Verteidigungsfall die in Buseck eingelagerte Nuklearmunition hätte verschießen müssen. Das Panzerartilleriebataillon 135 in Wetzlar hätte den Artilleriespezialzug I/5 und das Feldartillerielehrbataillon 51 den Artilleriespezialzug II/5 gebildet. In der Zeit des „kalten" Krieges waren diese beiden Artillerieverbände immer in höchster Alarmbereitschaft.

Das Artillerielehrregiment 5 gliederte sich am 1. April 1986 nach erfolgter Einnahme der Artilleriestruktur `85 in:

- Stab und Stabsbatterie Artillerielehrregiment 5 in Idar-Oberstein,
- Feldartillerielehrbataillon 51 in Idar-Oberstein,
- Raketenartilleriebataillon 52 in Gießen,
- Beobachtungslehrbataillon 53 in Idar-Oberstein,
- Begleitbatterie 5 in Gießen,
- zwei Artilleriespezialzüge I/5 und II/5

45

Das Artillerielehrregiment 5 von der Heeresstruktur V bis zu seiner Auflösung:

Die Einnahme der Heeresstruktur V Anfang der 1990iger Jahre bedeutete auch für das Artillerielehrregiment 5 massive Einschnitte. Die Begleitbatterie 5 sowie das Beobachtungslehrbataillon 53 werden ebenso aufgelöst, wie auch die beiden Artilleriespezialzüge in Wetzlar und Idar-Oberstein.

Umgegliedert werden musste das Feldartillerielehrbataillon 51, dass mit Teilen des Beobachtungslehrbataillons 53 zum Beobachtungsartillerielehrbataillon 51 verschmilzt. Neben dem Stab sowie der Stabs- und Versorgungsbatterie (1./L51) gliederte sich das Bataillon in einen Schallmeßzug, einem Wetterzug sowie einen Radarzug (2./L51, aus dem Beobachtungslehrbataillon 53 hervorgegangen) in drei schießende Artilleriebatterien (3./L51, 4./L51 und 5./L51) mit Feldhaubitze 155-1 „FH-70". Die bisherige fünfte Batterie des Feldartillerielehrbataillons 51 wird mit Personal zur Aufstellung der vierten Batterie des in Kusel stationierten Panzerartillerielehrbataillons 345 herangezogen. Die schweren Feldhaubitzen 203mm auf Selbstfahrlafette M-110 wurden ebenso abgegeben wie die sechs Feldhaubitzen 105mm.

Feldhaubitze 155-1 / FH 70 155mm während einer Ausstellung in Idar-Oberstein
(Fotosammlung Uwe Walter / Nachlass S. Walter, Kassel)

Das Raketenartilleriebataillon 52 wird in das Raketenartillerielehrbataillon 52 umgegliedert. Dieses hatte zur Folge, dass der in der Gießener Steuben-Kaserne stationierte Stab und die Stabs- und Versorgungsbatterie (1./52) sowie die LARS-Batterie (2./52) aufgelöst werden. Die bisherige vierte Batterie – die sog. „MARS-Batterie" – verlegt von Gießen nach Kusel als die „neue" dritte Batterie (3./L52). Bei der Neuaufstellung des Raketenartillerielehrbataillons 52 werden der Stab sowie die Stabs- und Versorgungsbatterie (1./L52) in Idar-Oberstein aus Personalabgaben des zur Auflösung vorgesehen Beobachtungslehrbataillon 53 neu aufgestellt und die bisher in Kusel stationierte LARS-Batterie (2./L52) nach Idar-Oberstein verlegt. Die „neue" vierte Batterie (4./L52) wird die bisherige fünfte Batterie, die bereits in Kusel stationiert ist.

Raketenartillerielehrbataillon 52: Mehrfachraketenwerfer MARS in Schlammfarbentarnung
(Fotosammlung Uwe Walter / Nachlass S. Walter, Kassel)

Die bisher dem Artilleriekommando 3 unterstellte Drohnenlehrbatterie 300 wird dem Artillerielehrregiment 5 ebenfalls neu unterstellt und somit gliederte sich mit Einnahme der Heeresstruktur V das Artillerielehrregiment 5 am 1. April 1994 in:

- Stab und Stabsbatterie Artillerielehrregiment 5 in Idar-Oberstein,
- Beobachtungsartillerielehrbataillon 51 in Idar-Oberstein,
- Raketenartilleriebataillon 52 in Kusel und Idar-Oberstein,
- Panzerartillerielehrbataillon 345 in Kusel (zu Übungszwecke unterstellt),
- Drohnenlehrbatterie 300 in Idar-Oberstein

Am 16. Juli 1996 wird dem Artillerielehrregiment 5 der Beiname „Hunsrück" verliehen, der auf die tiefe Verwurzelung des Regiments und seiner Angehörigen sowie die zu den guten nachbarschaftlichen Beziehungen zur Bevölkerung im Raum Idar-Oberstein/Kusel und den daraus entstandenen tiefen Bindungen zwischen den Soldaten sowie der Zivilbevölkerung Rechnung tragen soll.

Eine weitere und letzte Umgliederung sowie Umbenennung erfährt das Beobachtungsartillerielehrbataillon 51 im Jahr 1997:
Die drei schießenden Batterien verlieren ihre Feldhaubitzen 155-1/FH-70 und werden mit der Panzerhaubitze M-109 A3 155mm ausgestattet.
Das Bataillon trägt nun den Namen „Beobachtungspanzerartillerielehrbataillon 51".
Ebenfalls im Jahr 1997 verlegt das Raketenartillerielehrbataillon 52 von seinen beiden Standorten Idar-Oberstein und Kusel nach Hermeskeil in die dortige Hochwald-Kaserne. Das Raketenartillerielehrbataillon 52 ist nun wieder mit seinen Batterien an einem Standort vereint, wie es dieses seit den späten 1970iger Jahren, damals in Gießen, nicht mehr gegeben hat.
Mit der Ausplanung der Heeresstruktur VI im Jahr 2001 vom damaligen Bundesminister der Verteidigung Rudolf Scharping, ist auch das Schicksal des Artillerielehrregiments 5 „Hunsrück" besiegelt. Die neue Struktur sieht vor, dass alle noch verbliebenen Artillerieregimenter der Bundeswehr, darunter ist auch das Artillerielehrregiment 5, aus Kostengründen und Sparmaßnahmen im Verteidigungshaushalt aufgelöst werden. Kurz vor der Auflösung des Regiments erfolgte ein Unterstellungswechsel des Artillerielehrregiments 5, da bereits im Jahr 2001 die 5. Panzerdivision aufgelöst wird und das Regiment zur 7. Panzerdivision in Düsseldorf im Unterstellungsverhältnis wechselt.

In einem großen Unterstellungsappell wechseln am 18. Dezember 2002 die Drohnenlehrbatterie 300 das Unterstellungsverhältnis zum Beobachtungspanzerartilleriebataillon 121 in Tauberbischofsheim und verliert seine Selbstständigkeit, das Raketenartillerielehrbataillon 52 wird der neu aufgestellten Artilleriebrigade 100 im thüringischen Mühlhausen und das in Kusel stationierte Panzerartillerielehrbataillon 345 der Panzergrenadierbrigade 30 „Alb-Brigade" aus Ellwangen truppendienstlich unterstellt.

Bevor das Artillerielehrregiment 5 mit seinem Stab sowie der Stabsbatterie zum 30. Juni 2003 aufgelöst werden, erfolgt für den ältesten Artillerieverband der Bundeswehr - das Beobachtungspanzerartillerielehrbataillon 51- die Auflösung bereits zum 31. März 2003.

Die Kommandeure Artillerielehrregiment 5:
1981 – 1984   Oberst Meyer,
1984 – 1986   Oberst Stut,
1986 – 1989   Oberst Ammann,
1989 – 1991   Oberst Colditz,
1991 – 1995   Oberst Hoffmann,
1995 – 1998   Oberst Fröhlich,
1998 – 2001   Oberst Wefelmeier,
2001 – 2004   Oberst Becker

Artillerielehrregiment 5
Stab und Stabsbatterie

Aufstellung:

Mit Einnahme der Heeresstruktur IV wurde am 1. Oktober 1981 in Idar-Oberstein, Hohl-Kaserne, durch Fusionierung von Artillerieregiment 5 (Diez a. d. Lahn) und Artillerielehrregiment (Idar-Oberstein) der Stab und die Stabsbatterie des Artillerielehrregiments 5 aufgestellt.

Standort:

1981 – 2003   Idar-Oberstein, Hohl-Kaserne

Unterstellungen:

1981 – 2001   5. Panzerdivision

2001 – 2003   7. Panzerdivision

Veränderung / Auflösung:

Mit Auflösung der 5. Panzerdivision erfolgte für den Stab und die Stabsbatterie ein Unterstellungswechsel unter das Kommando der 7. Panzerdivision in Düsseldorf. Bereits zu diesem Zeitpunkt befanden sich viele Verbände und Einheiten des Artillerielehrregiments 5 in Auflösung, bevor auch der Stab und die Stabsbatterie zum 30. Juni 2003 endgültig aufgelöst wurden.

Frühe 1960iger Jahre:
bei einem Appell des Regiments im Schloss Oranienstein ist auch das Heeresmusikkorps 5 aus Koblenz angetreten
(mit freundlicher Genehmigung Herr Hanitz)

Feldartillerielehrbataillon 51

Aufstellung:

Das Feldartillerielehrbataillon 51 wurde 1966 durch die Umgliederung und Umbenennung des Panzerartillerielehrbataillons 51 aufgestellt.

Das Panzerartillerielehrbataillon 51 ging im Jahr 1959 aus dem Artillerielehrbataillon hervor, das im Jahr 1956 in Idar-Oberstein aufgestellt wurde.

frühere Benennungen:

1956 – 1959   Artillerielehrbataillon,

1959 – 1966   Panzerartillerielehrbataillon 51,

Standort:

1956 – 1993   Idar-Oberstein, Klotzberg-Kaserne

Unterstellungen:

1956 – 1959   Feldartillerielehrregiment 5,

1959 – 1981   Artillerielehrregiment, im Verteidigungsfall Artillerieregiment 5

1981 – 1993   Artillerielehrregiment 5

Veränderung / Auflösung:

Mit Einnahme der Heeresstruktur V „Kaderung und schneller Aufwuchs" wird das Feldartillerielehrbataillon 51 mit Teilen des aufgelösten Beobachtungsbataillons 53 zusammengelegt, umgegliedert und in „Beobachtungsartillerielehrbataillon 51" umbenannt.

Bereits im Jahr 1997 erfolgt eine erneute Umgliederung, als die schießenden Batterien des Bataillon mit der Panzerhaubitze 155mm M-109 GE 3A ausgestattet werden und in das „Beobachtungspanzerartilleriebataillon 51" umbenannt wird.

Die endgültige Auflösung des Beobachtungspanzerartilleriebataillons 51 erfolgt im Rahmen der Einnahme der Heeresstruktur VI „Heer der Zukunft" zum 31. März 2003.

schwere Haubitze M-110 mit 203mm Kanone auf Selbstfahrlafette
der 5. Batterie des damaligen Feldartillerielehrbataillons 5 in einer Feuerstellung
(Fotosammlung Uwe Walter / Nachlass S. Walter, Kassel)

1991: Schulschießen des Artillerielehrregiments 5 in Baumholder – hier: Haubitze M110 SF 203mm
(Fotosammlung Uwe Walter / mit freundlicher Genehmigung Herr Luer)

Artillerieschießen mit der Feldhaubitze 155-1 / FH 70
(Fotosammlung Uwe Walter / mit freundlicher Genehmigung Herr Luer)

Raketenartilleriebataillon 52

Aufstellung:

Das Raketenartilleriebataillon 52 geht im Jahr 1965 durch Umbenennung des Raketenartilleriebataillons 340 hervor.

Vorläufer des Raketenartilleriebataillons 340 ist das Artilleriebataillon 340, das aus dem Artilleriebataillon 422 (1958 in Eschweiler aufgestellt) hervorgeht.

frühere Benennungen:

1958 – 1959   Artilleriebataillon 422,

1959 – 1962   Artilleriebataillon 340,

1962 – 1965   Raketenartilleriebataillon 340,

1965 – 1993   Raketenartilleriebataillon 52

Standorte:

1958 – 1959   Eschweiler, Raketenschule der Bundeswehr,

1959 – 1981   Gießen, Scharnhorst-Lager,

1981 – 1986   Gießen, Steuben-Kaserne (1/52), 2./52, 4./52) und Idar-Oberstein (3./52)

1981 – 1993   Gießen, Steuben-Kaserne (1./52, 2./52, 4./52) und Kusel (3./52, 5./52)

Unterstellungen:

1958 – 1965   Artilleriekommando 3 / III. Korps,

1965 – 1981   Artillerieregiment 5,

1981 – 1993   Artillerielehrregiment 5

Veränderung:

Mit Einnahme der Heeresstruktur V wird das Raketenartilleriebataillon 52 umgegliedert und an die Standorte Kusel sowie Idar-Oberstein verlegt, da der Standort Gießen aufgegeben wird und die in Gießen stationierten Truppenteile größtenteils aufgelöst. Zudem wird das Bataillon mit dem „Lehrauftrag" ausgestattet und in Raketenartillerielehrbataillon 52 umbenannt.

Mehrfachraketenwerfer SF 110 - LARS 2
(Fotosammlung Uwe Walter / m. f. Genehmigung Herr Luer)

Beobachtungslehrbataillon 53

Aufstellung:

Das Beobachtungslehrbataillon 53 ging im Rahmen Einnahme Heeresstruktur IV durch Umbenennung und Umgliederung des Beobachtungsbataillons 53 hervor.

frühere Benennungen:

1970 – 1979   Beobachtungslehrbataillon,

1979 – 1980   Beobachtungsbataillon 53,

1980 – 1993   Beobachtungslehrbataillon 53

Standorte:

1970 – 1973   Birkenfeld und Idar-Oberstein,

1973 – 1993   Idar-Oberstein, Klotzberg-Kaserne

Unterstellungen:

1970 – 1980   Artillerielehrregiment,

1980 – 1981   Artillerieregiment 5,

1981 – 1993   Artillerielehrregiment 5

Veränderung / Auflösung:

Bevor das Beobachtungslehrbataillon 53 zum 31. März 1993 aufgelöst wird, werden Teile zur Aufstellung des Beobachtungslehrbataillons 51 herangezogen.

**4. Batterie des Beobachtungslehrbataillons 53 war die Drohnenbatterie und
zunächst mit Drohne CL-89, später Drohne CL-289 (hier auf dem Bild zusehen), ausgestattet
(Fotosammlung Uwe Walter / mit freundlicher Genehmigung Herr Luer)**

Begleitbatterie 5

Aufstellung:
Die Begleitbatterie 5 ging am 1. April 1986 in Gießen, Steuben-Kaserne, durch Umgliederung der 4. Batterie / Raketenartillerielehrbataillon 52 hervor.

Standort:
1986 – 1993   Gießen, Steuben-Kaserne

Unterstellung:
1986 – 1993   Artillerielehrregiment 5

Auflösung:
Die Auflösung der Begleitbatterie 5 erfolgte zum 30. Juni 1993.

2017: Blick in einen der beiden Bunker, in dem die Nuklearsprengköpfe gelagert waren und von den amerikanischen Soldaten bewacht wurden. Diese beiden Bunker befanden sich im inneren Ring des Lagers und waren ausschließlich den amerikanischen Soldaten zugänglich. Im äußeren Ring wurde ebenfalls Munition gelagert, die aber vermutlich keine Atomsprengköpfe gewesen sind und sowohl für amerikanische sowie deutsche Soldaten zugänglich.
Heute sind die beiden Atombunker auf dem Gelände des ehemaligen Sondermunitionslagers verschlossen und dienen vermutlich als Fledermaushohlen, da das Gelände Teil eines Naturschutzgebietes ist.
(Fotograf: Uwe Walter)

Panzergrenadierbrigade 13

Die Panzergrenadierbrigade 13 aus Wetzlar, war eine der ältesten Brigaden der Bundeswehr und ihre Tradition reichte bis in die Anfangsjahre der Bundeswehr zurück.

Bereits im Jahr 1956 – genauer am 1. August – beginnt die mehr als dreißigjährige Geschichte dieser Brigade, die als Kampfgruppe B5 auf dem Truppenübungsplatz Grafenwöhr in der Oberpfalz aufgestellt wurde. An diesem Tag wurde das Vorkommando, das aus dreiundzwanzig Personen bestand, in Grafenwöhr begrüßt.

Diesem Vorkommando wurden als erste Einheiten das Panzergrenadierbataillon 15, das später die Nummer 133 tragen sollte und das Panzerbataillon 15 truppendienstlich unterstellt. Aus dem Panzerbataillon 15 sollten durch Teilung später die Panzerbataillone 134 in Wetzlar sowie das Panzerbataillon 54 (später: 64) in Wolfhagen entstehen.

Neben dem Stammpersonal des III. Bataillon / Panzerartillerieregiment 5 – dem späteren Feld- bzw. Panzerartilleriebataillon 135 – konnten im November desselben Jahres auch die ersten Kampfpanzer vom Typ M47 in der Kampfgruppe B5 begrüßt werden.

Exkursion:

Obwohl das spätere Panzerartilleriebataillon 135 mit der Panzerhaubitze M44 155mm ausgerüstet war, wurde es zunächst – wie auch das Panzerartilleriebataillon 75 in Hamburg – zunächst als Feldartilleriebataillon bezeichnet. Der Grund für die Namensgebung war, dass sie einer Panzergrenadierbrigade angehörten. Erst mit Ausstattung der Bataillone mit der Panzerhaubitze M109 G wurde dieses Kuriosum beendet.

Bereits seit der Aufstellung der Kampfgruppe B5 war geplant, dass diese Kampfgruppe in dem Großraum Koblenz – Frankfurt am Main – Gießen ihren endgültigen Stationierungsraum bekommen sollte. Als Standort war die ehemalige Garnisonsstadt Wetzlar vorgesehen und am 14. März 1957 erfolgte die Verlegung von der Oberpfalz an die Stadt an der Lahn. Das die Soldaten nicht überall in Wetzlar willkommen waren, merkte man daran, dass die Wetzlarer Bevölkerung doch sehr gespalten war und es zunächst massive Proteste gegen die Stationierung der Bundeswehr gab, da gerade zwölf Jahre nach Kriegsende des II. Weltkrieges wieder deutsche Soldaten in den beiden Kasernen einziehen sollten. Zudem kam erschwerend hinzu, dass Wetzlar durch Bombenangriffe erheblich und nur deshalb nicht völlig zerstört wurde, weil für den Luftangriff mit mehr als siebenhundert Flugzeugen im Oktober 1944 schlechtes Wetter herrschte und die alliierten Bomber in Großbritannien nicht starten konnten.

In der Wetzlarer Spilburg-Kaserne zogen im März 1957 neben dem Stab und der Stabskompanie der Kampfgruppe B5 auch die Soldaten des III. Bataillons des Panzerartillerieregiments 5 ein.

Das Panzergrenadierbataillon 15 und das Panzerbataillon 15 fanden ihre militärische Heimat in der Nachrichten-Kaserne, der späteren Sixt-von-Armin-Kaserne.

Mit einem öffentlichen Gelöbnis von jungen Rekruten am 27. Oktober 1957 stellen sich die Wetzlarer Soldaten als neue Mitbürger ihrer Garnisonsstadt vor. In den mehr als dreißig Jahren der Stationierung von deutschen Soldaten in Wetzlar sollten sehr gute Kontakte zwischen den Bürgern in Uniform und der Zivilbevölkerung entstehen. Etwas wehmütig nahmen die Bürger Wetzlars die Auflösung ihrer Garnison Anfang der 1990iger Jahren hin. Aber aufgrund der politischen Umwälzungen in Deutschland und Europa war eine Reduzierung der deutschen Streitkräfte unumgänglich.

Das erste Halbjahr des Jahres 1959 steht für die Soldaten ganz im Zeichen der Umgliederung der Kampfgruppe B5 in die Panzergrenadierbrigade 13, die somit ein Truppenteil der 5. Panzerdivision bleibt.
Diese Umgliederung sah vor, dass das Panzergrenadierbataillon 15 in das Panzergrenadierbataillon 133 umbenannt sowie das Panzerbataillon 15 geteilt und damit faktisch aufgelöst wird. Umbenannt wurde auch das III. Bataillon Panzerartillerieregiment 5, das nun den Namen Feldartilleriebataillon 135 trägt.

In Wetzlar war zudem das Panzerjägerbataillon 5 stationiert, das im März 1959 nach Münster-Handorf verlegt und in das Panzerbataillon 194 umgegliedert wird. Aus der dritten Kompanie dieses Bataillon, die in Wetzlar verbleibt, wird als selbstständige Brigadeeinheit die Panzerjägerkompanie 130 aufgestellt, die im Jahr 1968 nach Sontra, Husaren-Kaserne verlegt. Zudem erfolgt auch die Aufstellung von dem Panzergrenadierbataillon 131, der Panzerpionierkompanie 130 und weiteren Brigadetruppenteilen.

Am 7. November 1959 öffnen die Kasernen in Wetzlar ihre Tore zum ersten „Tag der offenen Tür", bei dem mehr als zehntausend Besucher aus der Region rund um Wetzlar durch das Brigadekommando begrüßt werden.

Anfang der 1960iger Jahre gliederte sich die Panzergrenadierbrigade 13 in:

- Stab und Stabskompanie Panzergrenadierbrigade 13, Wetzlar,
- Panzerpionierkompanie 130 in Wetzlar,
- Panzerjägerkompanie 130 in Wetzlar, später Sontra,
- Panzergrenadierbataillon 131 in Wetzlar,
- Panzergrenadierbataillon 132 in Schwarzenborn (1961 aufgestellt),
- Panzergrenadierbataillon 133 in Wetzlar,
- Panzerbataillon 134 in Wetzlar,
- Feld- bzw. Panzerartilleriebataillon 135 in Wetzlar,
- Versorgungsbataillon 136 in Wetzlar

Zudem unterstand dem stellvertretenden Kommandeur, als Kommandeur Brigadeeinheiten, der Panzergrenadierbrigade 13 noch die selbstständige Flugabwehrbatterie 130, die in der Augusta-Kaserne in Koblenz stationiert war. Diese Batterie wurde im Jahr 1962/1963 nach Lorch verlegt und in das Flugabwehrbataillon der Division, eingegliedert. Eine weitere selbstständige Brigadeeinheit war der Brigadespähzug der Brigade, der zunächst in der Brigadestabskompanie eingegliedert war, dann eine selbstständige Brigadeeinheit wurde. Im Jahr 1982 erfolgte die endgültige Verlegung nach Sontra und wurde zur Aufstellung der vierten Kompanie des Panzeraufklärungsbataillons 5 herangezogen.

Eine „besondere" Ehre für die Wetzlarer Soldaten findet am 8. Juli 1962 statt, als die komplette Brigade auf dem französischen Truppenübungsplatz Mourmelon zu Gast ist. Dort übt die Brigade zusammen mit französischen Streitkräften. Zu dieser Zeit ist auch der damalige deutsche Bundeskanzler Adenauer in Frankreich auf Staatsbesuch und besucht zusammen mit dem französischen Staatspräsidenten Charles des Gaulles, einem ehemaligen General des II. Weltkriegs und dem „Befreier" von Paris im Jahr 1944, die dortigen Truppen. Im Rahmen einer Parade nehmen die Wetzlarer Grenadiere an diesem Staatsbesuch teil. Höhepunkt dieses Staatsbesuchs von Bundeskanzler Dr. Konrad Adenauer ist die Aussöhnung mit Frankreich und der Besuch der Kathedrale von Reims, die im I. Weltkrieg von Deutschland fast vollständig zerstört wurde. Bei dem dortigen Gedenkgottesdienst sind neben den beiden Politikern auch Vertreter der beiden Armeen zugegen. Ein halbes Jahr später sollten die beiden Staatsmänner den „deutsch-französischen Vertrag" unterzeichnen und somit die deutsch-französische Freundschaft besiegelt.

Der erste „Große Zapfenstreich", der im Wetzlarer Stadion nach dem Ende des II. Weltkriegs aufgeführt wird, findet im Rahmen eines öffentlichen Gelöbnisses junger Rekruten am 22. Mai 1963 statt.

Herausragende Übungen für die Wetzlarer Soldaten sind neben den regelmäßigen Truppenübungsplatzaufenthalten und Brigade- sowie Divisionsgefechtsübungen die Heeresübungen des III. Korps aus Koblenz in den Jahren 1967 „PANTHERSPRUNG" und 1969 „GROSSER RÖSSELSPRUNG". Bei diesen Volltruppenübungen ist auch die Panzergrenadierbrigade 13 mit rund dreitausend Soldaten dabei.

In den kommenden Jahren, die als „ruhige" Jahre in die Brigadechronik eingehen, wird die Panzergrenadierbrigade 13 umgegliedert.
Zunächst wird das Versorgungsbataillon 136 aufgelöst und aus Teilen entstehen die selbstständigen Brigadeeinheiten Nachschub- und Instandsetzungskompanie 130. Die zweite Kompanie des Bataillons wird als Sanitätskompanie in das Sanitätsbataillon 5 eingegliedert.
Zu einem Jägerbataillon wird das Panzergrenadierbataillon 132 umgegliedert, das seine Schützenpanzer abgeben muss und mit leicht gepanzerten Fahrzeugen, die zur Bekämpfung von Feinden in schwer zugänglichem Gelände geeignet sind, ausgestattet. Das Jägerbataillon gliederte sich neben dem Stab sowie einer Stabs- und Versorgungskompanie in drei reine Jägerkompanien sowie als fünfte Kompanie in eine schwere Jägerkompanie, die u. a. mit Mörser 120mm ausgestattet war.

Am 7. Juli 1972 wird der SPD-Politiker Georg Leber als Nachfolger von Helmut Schmidt, dem späteren Bundeskanzler, Bundesminister der Verteidigung. Seinen Antrittsbesuch bei der Bundeswehr macht der neue Bundesminister bei der Wetzlarer Panzergrenadierbrigade 13, die sich zu dieser Zeit auf dem Truppenübungsplatz Bergen-Hohne befindet.

Als der Minister am 1. Februar 1978 wegen eines umstrittenen Abhörskandals und gegen den Willen von Bundeskanzler Helmut Schmidt zurück tritt, wird er mit allen militärischen Ehren ebenfalls von der Panzergrenadierbrigade 13 in Wetzlar verabschiedet.

In den 1970iger Jahren gliedert sich die Panzergrenadierbrigade 13 in:

- Stab und Stabskompanie Panzergrenadierbrigade 13 in Wetzlar,
- Panzergrenadierbataillon 131 in Wetzlar,
- Jägerbataillon 132 in Schwarzenborn,
- Panzergrenadierbataillon 133 in Wetzlar,
- Panzerbataillon 134 in Wetzlar,
- Panzerartilleriebataillon 135 in Wetzlar,
- Panzerjägerkompanie 130 in Sontra,
- Panzerpionierkompanie 130 in Wetzlar,
- Instandsetzungskompanie 130 in Wetzlar,
- Nachschubkompanie 130 in Wetzlar

Eine letzte Umgliederung erfährt die Panzergrenadierbrigade 13 Anfang der 1980iger Jahre, als die Heeresstruktur IV eingenommen wird. Diese Heeresstruktur bedeutete für die Soldaten der Wetzlarer Brigade erneute Umgliederungen und Neuaufstellungen:

Das Panzergrenadierbataillon 131 wurde in das Panzergrenadierbataillon 132 umbenannt und gliederte sich wie das Panzergrenadierbataillon 133 neben einem Stab sowie einer Stabs- und Versorgungskompanie in drei Panzergrenadierkompanien sowie eine „schwere" Kompanie mit sechs Panzermörsern 120mm.

An die Panzerbrigade 15 wurde das Schwarzenborner Jägerbataillon 132 abgegeben, welches in das Panzergrenadierbataillon 152 umgegliedert wurde.

Neuaufgestellt wurde das gemischte teilaktive Panzergrenadierbataillon 131 (ta) welches sich neben einem Bataillonsstab sowie einer Stabs- und Versorgungskompanie (1./131) in zwei Panzergrenadierkompanien und eine Panzerkompanie gliederte.

Das Besondere an dem gemischten Panzergrenadierbataillon war, dass die Stabs- und Versorgungskompanie sowie der Stab dieses Bataillons eine reine Geräteeinheit gewesen ist. Zu Truppenübungen und im Verteidigungsfall wurde diese Kompanie mit Reservisten aufgestellt und die drei Kampfkompanien, die mit Schützenpanzern vom Typ Marder und dem Kampfpanzer Leopard 1 ausgestattet waren, diesem Stab unterstellt. Somit wäre das gemischte Panzergrenadierbataillon 131 das vierte Kampfbataillon der Panzergrenadierbrigade 13 geworden.

In Zeiten ohne Truppenübungen waren die Panzergrenadierkompanien (2./131 und 3./131) den Panzergrenadierbataillonen 132 und 133 sowie die Panzerkompanie (4./131) dem Panzerbataillon 134 unterstellt.

Am 1. Oktober 1981 waren sämtliche Umgliederungen, Neuaufstellungen sowie Auflösungen abgeschlossen und die Panzergrenadierbrigade 13 gliederte sich in;

- Stab und Stabskompanie Panzergrenadierbrigade 13 in Wetzlar,
- gemischtes Panzergrenadierbataillon 131 (ta) in Wetzlar,
- Panzergrenadierbataillon 132 in Wetzlar,
- Panzergrenadierbataillon 133 in Wetzlar,
- Panzerbataillon 134 in Wetzlar,
- Panzerartilleriebataillon 135 in Wetzlar,
- Panzerjägerkompanie 130 in Sontra,
- Panzerpionierkompanie 130 in Wetzlar,
- Instandsetzungskompanie 130 in Wetzlar,
- Nachschubkompanie 130 in Wetzlar

In dieser Gliederung ist die Panzergrenadierbrigade 13 bis zu ihrer Auflösung bei diversen Brigadegefechts- oder auch Divisionsgefechtsübungen gefordert. Besonders aber in den Korpsheeresübungen des III. Korps aus Koblenz wie „WEHRHAFTE LÖWEN" (1983) und „FRÄNKISCHER SCHILD" (1986). Besondere Beachtung findet die Leistung der Wetzlarer Soldaten auch in der Winterübung CENTRAL GUADIAN, die im Januar 1985 in Mittelhessen und vor allem dem Vogelsberg stattfindet. Bei dieser Übung, die durch das V. (US) Corps aus Frankfurt am Main durchführt wird und als REFOGER-Manöver in die Geschichte eingeht, wird die Panzergrenadierbrigade 13 diesem US-Korps truppendienstlich unterstellt.

REFORGER bedeutet übersetzt die Rückkehr der Streitkräfte nach Deutschland – **Re**turn **For**ces of **GER**many. In Erinnerung bleibt diese Übung aus deshalb, weil bei Übungsbeginn zunächst frostiges Wetter und in der zweiten Übungswoche sehr warme Temperaturen herrschten, das die Böden aufweichen ließ und die übende Truppe somit massive Manöverschäden anrichteten. Zwei Tage vor dem eigentlichen Übungsende wurde die Übung durch das Leitungsteam des V. (US) Corps abgebrochen.

Mit einem öffentlichen Gelöbnis von jungen Rekruten der Brigade auf dem Wetzlarer Domplatz wurde am 12. November 1985 der 30-jährige Geburtstag der Bundeswehr gefeiert. Trotz überwiegend positiver Zustimmung der Wetzlarer Bevölkerung mussten Sicherheitskräfte von Feldjägern und der Wetzlarer Polizei „Störenfriede" und Demonstranten von der Veranstaltung fern halten.

Im September 1986 wird mit einem „Tag der offenen Tür" in den Wetzlarer Kasernen mit rund dreißigtausend Besuchern der dreißigste Geburtstag, der musikalisch durch das Heeresmusikkorps 5 aus Gießen umrahmt wird, der Brigade gefeiert. Dass es einen vierzigsten Geburtstag nicht mehr geben würde, konnte zu diesem Zeitpunkt niemand erahnen. Aber die politischen und gesellschaftlichen Umwälzungen in den Staaten des Ostblocks und besonders in der damaligen Sowjetunion waren schon spürbar.

Im Oktober und November 1987 befindet sich die Panzergrenadierbrigade 13 mit Volltruppe auf den Truppenübungsplätzen Bergen und Munster, als am 7. November der neue Bundesverteidigungsminister Dr. Rupert Scholz unangekündigt die Brigade besucht, um sich ein Bild von dem Leistungsvermögen der Wetzlarer Panzergrenadiere zu machen.

Als im November 1989 die Berliner Mauer fällt und rund dreitausend Übersiedler aus der ehemaligen Deutschen Demokratischen Republik (DDR) keine Möglichkeit für eine behördliche Unterbringung haben, weil das Gießener Übergangslager bereits restlos überfüllt ist, werden auch die beiden Wetzlarer Kasernen zu Unterkünften für Aussiedler aus der ehemaligen DDR umfunktioniert.

Noch vor dem Fall der Berliner Mauer wurden im Frühjahr 1989 bereits erste Überlegungen für eine Reform der Bundeswehr, die auch der Tatsache der zukünftigen geburtenschwachen Jahrgänge geschuldet ist, öffentlich bekannt. In der sogenannten Heeresstruktur 2000, die jedoch niemals eingenommen wurde, sah es zunächst so aus, dass die Panzergrenadierbrigade 13 in eine Grenadierbrigade mit vier Grenadierbataillonen umgegliedert werden sollte, die mit leichten gepanzerten Radfahrzeugen ausgestattet waren. Zwei dieser vier Grenadierbataillone sollten als nicht aktive Geräteeinheiten aufgestellt werden, dessen Großgerät in Depots eingelagert waren. In diese Grenadierbataillone sollte je eine Panzerkompanie, die mit Kampfpanzer Leopard 1 ausgestattet war, eingegliedert werden.

Ab dem III. Quartal 1990 – besonders aber ab Januar 1991 – übernahmen die Soldaten der Panzergrenadierbrigade 13 die Betreuung für die Angehörigen ihrer Patenbrigade – hier: der 1. (US) Brigade, die der 3. (US) Panzerdivision „SPEARHEAD" in Frankfurt am Main unterstand – aus Kirchgöns bei Gießen. Im Spätsommer des Jahres 1990 hat der damalige irakische Diktator Saddam Hussein das Nachbarland Kuwait militärisch besetzt und alle diplomatischen Versuche für eine friedliche Lösung des Konflikts scheiterten. Kurze Zeit nach Beginn der Invasion in Kuwait verlegten die ersten US-Einheiten aus dem Rhein-Main-Gebiet nach Saudi-Arabien. Als am 16. Januar 1991 der zweite Golfkrieg, der durch eine Allianz von Soldaten der US-Streitkräfte und ihren Verbündeten geführt wird, beginnt, übernehmen die Wetzlarer Panzergrenadiere auch die Bewachung von US-Liegenschaften im Rhein-Main-Gebiet.

Die Panzerkompanien der Panzergrenadierbrigade 13 werden ab Januar 1990 mit dem leistungsgesteigerten Kampfpanzer Leopard 1 A5 ausgestattet, der die bisherigen Kampfpanzer Leopard 1 A4 ersetzt. Die Umrüstung ist im März 1991 abgeschlossen.

Bedingt durch die deutsche Wiedervereinigung am 3. Oktober 1990 musste auch die oben erwähnte Heeresstruktur 2000 neu überdacht und vor allem überarbeitet werden. Da die Bundeswehr bis zum 31. Dezember 1994, dem Jahr in dem die letzten Truppen der sowjetischen Armee Deutschland verlassen haben, aufgrund des Zwei-Plus-Vier-Vertrages nur noch eine Gesamtzahl von 370.000 Soldaten haben durfte, waren drastische Truppenreduzierungen und Kasernenaufgaben unumgänglich. Für die Region um Wetzlar-Marburg-Gießen bedeutete dies, dass mindestens fünftausend Dienstposten sowie mehrere hundert Stellen für Zivilangestellte wegfielen.

Als am 24. Mai 1991 der damalige Bundesminister der Verteidigung, Dr. Gerhard Stoltenberg, sein überarbeitetes Stationierungskonzept vorstellt, ist auch das Schicksal der Panzergrenadierbrigade 13 besiegelt:

Der Bundeswehrstandort Wetzlar wird von der Bundeswehr komplett aufgegeben, die Panzergrenadierbrigade 13 bis auf die Panzerjägerkompanie 130 aufgelöst und die Wetzlarer Kasernen in eine zivile Nutzung überführt.

Kurz nachdem dieses Stationierungskonzept vorgestellt wurde, beginnen die Wetzlarer Panzergrenadiere mit der Auflösung ihrer selbständigen Brigadeeinheiten sowie der Kampfbataillone. Bereits zum 31. März 1992 wird die Panzerpionierkompanie 130 außer Dienst gestellt und wird damit faktisch aufgelöst.

Mit der letztmaligen Aufführung des „Großer Zapfenstreich" am 18. September 1992 in Wetzlar werden zum 30. September die Panzergrenadierbataillone sowie das Panzerbataillon der Brigade außer Dienst gestellt. Das Großgerät dieser Bataillone werden zur Neuaufstellung des Panzergrenadierbataillons 421 in Brandenburg sowie des Panzerbataillons 413 in Torgelow-Spechtberg im Bundesland Mecklenburg-Vorpommern abgegeben.

Bevor zum 30. September 1993 der Stab sowie die Stabskompanie der Panzergrenadierbrigade 13 außer Dienst gestellt werden, werden bis zum 31. März 1993 die logistischen Brigadeeinheiten sowie das Panzerartilleriebataillon 135 aufgelöst. Die Panzerhaubitzen wurden vorher zur Neuaufstellung des Panzerartilleriebataillons 425 im brandenburgischen Lehnitz abgegeben.

Zum 1. April 1993 wechselt das Unterstellungsverhältnis für die in Sontra stationierte Panzerjägerkompanie 130 zur Panzergrenadierbrigade 5 „Kurhessen" aus Homberg (Efze). Einige Jahre später sollte mit der Panzerjägerkompanie 130 auch der letzte verbliebende Truppenteil der Wetzlarer Panzergrenadierbrigade 13 aufgelöst und außer Dienst gestellt werden.

Die Kommandeure der Kampfgruppe B5 / PzGrenBrig 13:

09/1956 – 08/1959	*Oberst*	*Gerd Ruge,*
08/1959 – 10/1962	*Brigadegeneral*	*Paul Jordan,*
10/1962 – 09/1966	*Oberst*	*Wendt von Sierakowski,*
10/1966 – 03/1967	*Brigadegeneral*	*Hasso Viebig,*
03/1967 – 09/1970	*Oberst*	*Joachim Danckworth,*
10/1970 – 09/1977	*Brigadegeneral*	*Horst Scheibert,*
10/1977 – 09/1978	*Oberst*	*Lutz Moek,*
10/1978 – 03/1980	*Oberst*	*Kurt Graf von Schweinitz,*
04/1980 – 04/1982	*Oberst*	*Ernst Klaffus,*
04/1982 – 09/1984	*Brigadegeneral*	*Rolf Hüttel,*
10/1984 – 03/1989	*Brigadegeneral*	*Rainer Thiel,*
04/1989 – 09/1993	*Brigadegeneral*	*Heinrich Holl*

Instandsetzungskompanie 130

Aufstellung:

Im Rahmen der Einnahme der Heeresstruktur III wird am 1. Oktober 1972 aus der dritten Kompanie des ehemaligen Versorgungsbataillon 136 in der Wetzlarer Sixt-von-Armin-Kaserne die Instandsetzungskompanie 130 als selbstständige Brigadeeinheit der Panzergrenadierbrigade 13 aufgestellt.

Standort:

1972 – 1993   Wetzlar, Sixt-von-Armin-Kaserne

Unterstellung:

1972 – 1993   Panzergrenadierbrigade 13

Auflösung:

Die Instandsetzungskompanie 130 wird zum 31. März 1993 außer Dienst gestellt.

MAN 630 als Werkstattwagen, wie er in den Instandsetzungskompanien der Brigaden eingesetzt wurde
(mit freundlicher Genehmigung Fotosammlung C. Heide)

Nachschubkompanie 130

Aufstellung:

Im Rahmen der Einnahme der Heeresstruktur III wird am 1. Oktober 1972 aus der vierten Kompanie des ehemaligen Versorgungsbataillon 136 in der Wetzlarer Sixt-von-Armin-Kaserne die Nachschubkompanie 130 als selbstständige Brigadeeinheit der Panzergrenadierbrigade 13 aufgestellt.

Standort:

1972 – 1993   Wetzlar, Sixt-von-Armin-Kaserne

Unterstellung:

1972 – 1993   Panzergrenadierbrigade 13

Auflösung:

Die Nachschubkompanie 130 wird zum 31. März 1993 außer Dienst gestellt.

Panzerjägerkompanie 130

Aufstellung:

Bis zum März 1959 war in der Wetzlarer Spilburg-Kaserne das im Jahr 1956 aufgestellte Panzerjägerbataillon 5 stationiert, das bis auf die dritte Kompanie im Frühjahr 1959 nach Münster-Handorf verlegt und in das Panzerbataillon 194 umgegliedert wird.

Aus der in Wetzlar verbliebenden dritten Kompanie wird ab März 1959 die Panzerjägerkompanie 130 aufgestellt.

Standorte:

1959 – 1968   Wetzlar, Spilburg-Kaserne,

1968 – 1997   Sontra, Husaren-Kaserne

Unterstellungen:

1959 – 1993   Panzergrenadierbrigade 13,

1993 – 1995   Panzergrenadierbrigade 5,

1995 – 1997   Panzerbrigade 14

Auflösung:

Die Panzerjägerkompanie 130 wird zum 31. März 1997 als letzter Truppenteil der ehemaligen Panzergrenadierbrigade 13 aufgelöst.

1986: „Tag der offenen Tür" in der Husaren-Kaserne in Sontra – Vorführung Kanonenjagdpanzer
(Fotosammlung Uwe Walter / Nachlass S. Walter, Kassel)

Raketenjagdpanzer Jaguar 1 der Panzerjägerkompanie 130 im technischen Bereich der Husaren-Kaserne
(Fotosammlung Uwe Walter / Nachlass S. Walter, Kassel)

Panzerpionierkompanie 130

Aufstellung:

In der Wetzlarer Sixt-von-Arnim-Kaserne wird zum 1. November 1959 aus Teilen des Pionierbataillons 5 die Panzerpionierkompanie 130 aufgestellt.

Standort:

1959 – 1992   Wetzlar, Sixt-von-Arnim-Kaserne

Unterstellung:

1959 – 1992   Panzergrenadierbrigade 13

Auflösung:

Die Panzerpionierkompanie 130 wird zum 31. März 1992 aufgelöst.

Pionierpanzer Dachs (oben) und Panzerschnellbrücke BIBER, auf Fahrgestell Leopard 1, beim Gewässerübergang an der Lahn bei Wetzlar (Fotosammlung Uwe Walter / Nachlass S. Walter, Kassel – mit freundlicher Genehmigung Peter Blume, Foto BIBER)

Panzergrenadierbataillon 131 (ta)

Aufstellung:

Im Rahmen der Einnahme der Heeresstruktur IV wurde am 1. Oktober 1981 in Wetzlar das gemischte teilaktive Panzergrenadierbataillon 131 (ta) aufgestellt. Während die Kampfkompanien (2./131 und 3./131) den Panzergrenadierbataillonen 132 und 133 sowie dem Panzerbataillon 134 (4./131) truppendienstlich unterstanden, war der Stab sowie die Stabs- und Versorgungskompanie (1./131) eine nicht aktive Geräteeinheit.

Standort:

1981 – 1992   Wetzlar

Unterstellung:

1981 – 1992   Panzergrenadierbrigade 13

Auflösung:

Das Panzergrenadierbataillon 131 wird zusammen mit den Panzergrenadierbataillonen 132 und 133 sowie dem Panzerbataillon 134 mit der Aufführung des „Großen Zapfenstreich" zum 30. September 1992 aufgelöst.

Panzergrenadierbataillon 132

Aufstellung:

Durch Umgliederung und Umbenennung des Panzergrenadierbataillons 131 (MTW), das am 1. April 1959 in Wetzlar aufgestellt wurde, wird am 1. Oktober 1981 das Panzergrenadierbataillon 132 aufgestellt.

frühere Benennung:

1959 – 1981   Panzergrenadierbataillon 131 (MTW)

Standort:

1959 – 1992   Wetzlar, Spilburg-Kaserne

Unterstellung:

1959 – 1992   Panzergrenadierbrigade 13

Auflösung:

Das Panzergrenadierbataillon 132 wird zusammen mit den Panzergrenadierbataillonen 131 und 133 sowie dem Panzerbataillon 134 mit der Aufführung des „Großen Zapfenstreich" zum 30. September 1992 aufgelöst.

Panzergrenadierbataillon 133

Aufstellung:

Durch Umgliederung und Umbenennung des Panzergrenadierbataillons 15, das am 1. August 1956 auf dem Truppenübungsplatz Grafenwöhr aufgestellt wurde, wird im Rahmen der Einnahme der Heeresstruktur II am 1. Oktober 1981 in Wetzlar das Panzergrenadierbataillon 133 aufgestellt.

frühere Benennung:

1956 – 1959   Panzergrenadierbataillon 15

Standorte:

1956 – 1957   Truppenübungsplatz Grafenwöhr,

1957 – 1992   Wetzlar, Sixt-von-Armin-Kaserne

Unterstellungen:

1956 – 1959   5. Panzerdivision und Kampfgruppe B5

1959 – 1992   Panzergrenadierbrigade 13

Auflösung:

Das Panzergrenadierbataillon 133 wird zusammen mit den Panzergrenadierbataillonen 131 und 132 sowie dem Panzerbataillon 134 mit der Aufführung des „Großen Zapfenstreich" zum 30. September 1992 aufgelöst.

Schützenpanzer Marder im technischen Bereich der Sixt-von-Armin-Kaserne
(mit freundlicher Genehmigung Fotosammlung C. Heide)

Panzerbataillon 134

Aufstellung:

Ab September 1956 wird auf dem Truppenübungsplatz Grafenwöhr das Panzerbataillon 15 aufgestellt, das kurze Zeit später nach Wetzlar in der spätere Sixt-von-Armin-Kaserne verlegt. Am 16. März 1959 wird das Panzerbataillon 15 geteilt und die Panzerbataillone 54/64 (Wolfhagen) und 134 (Wetzlar) aufgestellt.

frühere Benennung:

1956 – 1959   Panzerbataillon 15,

Standorte:

1956 – 1957   Truppenübungsplatz Grafenwöhr,

1957 – 1992   Wetzlar, Sixt-von-Armin-Kaserne

Unterstellungen:

1956 – 1959   5. Panzerdivision / Kampfgruppe B5,

1959 – 1992   Panzergrenadierbrigade 13

Auflösung:

Zusammen mit den Panzergrenadierbataillonen 131, 132 und 133 wird im Rahmen der Einnahme einer neuen Heeresstruktur das Panzerbataillon 134 zum 30. September 1992 aufgelöst.

Kampfpanzer Leopard 1 während einer Übung
(Fotosammlung Uwe Walter / mit freundlicher Genehmigung Bundeswehr)

Panzerartilleriebataillon 135

Aufstellung:

Am 6. November 1956 wird auf dem Truppenübungsplatz in Grafenwöhr das III. Bataillon / Panzerartillerieregiment 5 aufgestellt.

Mit Einnahme der Heeresstruktur II wird das III. Bataillon aus dem Panzerartillerieregiment 5 herausgelöst und als selbstständiger Brigadeverband der Panzergrenadierbrigade 13 unterstellt.

Obwohl das Panzerartilleriebataillon 135 seit seiner Aufstellung mit Panzerhaubitzen ausgerüstet war, erhielt es als Artilleriebataillon einer Panzergrenadierbrigade am 1. April 1959 zunächst den Namen Feldartilleriebataillon 135, bevor später der Name in Panzerartilleriebataillon 135 geändert wurde.

frühere Benennungen:

1956 – 1959   III. Bataillon / Panzerartillerieregiment 5,

1959 – 1993   Feldartilleriebataillon / Panzerartilleriebataillon 135

Standorte:

1956 – 1957   Truppenübungsplatz Grafenwöhr,

1957 – 1993   Wetzlar, Spilburg-Kaserne

Unterstellungen:

1956 – 1959   Panzerartillerieregiment 5,

1959 – 1993   Panzergrenadierbrigade 13

Auflösung:

Das Panzerartilleriebataillon 135 wird zum 31. März 1993 aufgelöst.

Panzerhaubitze M-109 155mm auf dem Weg in eine Feuerstellung
(Fotosammlung Uwe Walter / mit freundlicher Genehmigung Bundeswehr)

Abschuss einer 155mm-Granate durch eine Panzerhaubitze M109
(mit freundlicher Genehmigung Herr Buchner)

Panzerhaubitze M-109 in der Wetzlarer Spilburg-Kaserne während einer Vorführung im Jahr 1991
(mit freundlicher Genehmigung Fotosammlung C. Heide)

Panzerbrigade 14 (ehemals 6)
„Hessischer Löwe"

Die Geschichte der PANZERBRIGADE 14 beginnt am 1. Juli 1956, als in Hannoversch-Münden die Kampfgruppe A2 aus Angehörigen des Bundesgrenzschutzes aufgestellt und der zu dieser Zeit in Kassel stationierten 2. Grenadierdivision unterstellt wird.

Kurze Zeit nach ihrer Aufstellung verlegte die Kampfgruppe A2 nach Marburg und im März 1959 erfolgte die Umbenennung in „Panzerbrigade 6", die zusammen mit den Panzergrenadierbrigaden 4 und 5 der 2. Panzergrenadierdivision unterstanden. Der Panzerbrigade 6 waren zunächst lediglich das Panzergrenadierbataillon 62, das Panzerbataillon 63 und das Panzerartilleriebataillon 65 sowie die Panzerpionierkompanie 60 unterstellt. Zudem führte die Panzerbrigade 6 mit dem Versorgungsbataillon 66 eine logistische Einheit, die sich um die Instandsetzung und des Nachschubs der Panzerbrigade 6 kümmerte. Bis zum Jahr 1967 folgten noch die Aufstellungen der Panzerjägerkompanie 60 und des Brigadespähzug, der sich aus der Auflösung der bisher selbständigen Panzeraufklärungskompanie 60 ergab.

Der Stab und die Stabskompanie der Panzerbrigade 6 verlegten im Juli 1960 von Marburg in ihren endgültigen Standort Neustadt (Hessen) in die neu errichteten Unterkünfte Ernst-Moritz-Arndt-Kaserne. Das Panzergrenadierbataillon 62 folgte im August.

Aus Abgaben von Personal sowie Material der Panzerbataillone 134 und 194 sowie des Schwesterbataillon 63 wurde zum 1. April 1961 das Panzerbataillon 64 aufgestellt.

Die Einnahme der Heeresstruktur III, die Anfang der 1970iger Jahre eingenommen werden sollte, bedeutete auch für die Panzerbrigade 6, die kurz vor der Auflösung stand, gravierende Einschnitte und die Umgliederung zum Panzerregiment 300.

Geplant war im III. Korps, wie auch in den beiden Schwesterkorps, ein eigenes Panzerregiment aufzustellen. Die Planungen gingen bereits so weit, dass die Stabskompanie zusammen mit dem Stab des Panzerregiments 300 in Stadtallendorf und Neustadt stationiert sein sollte. Als Panzerbataillon 310 und 320 sollte die beiden Panzerbataillone der Panzerbrigade 6, die in diesem Falle komplett aufgelöst worden wäre, in Stadtallendorf mit den Nummern 63 bzw. 64 herangezogen werden. Diese beiden neuen Panzerbataillone sollten neben dem Stab und der Stabskompanie eine Versorgungskompanie, drei Panzerkompanien sowie eine Panzergrenadierkompanie erhalten. Wie mir Zeitzeugen berichteten, waren die Planungen und Umgliederungen so weit fortgeschritten, dass die beiden Panzerbataillone bereits aufgestellt worden waren und nur noch die Umbenennung fehlte. Da bereits Mitte der 1970iger Jahre, aufgrund der weiteren Bedrohung aus Osteuropa sowie durch die Staaten des Warschauer Pakt, ersichtlich wurde, dass eine erneute Umgliederung des deutschen Heeres nötig war, wurde der Plan der Aufstellung des Panzerregiments 300 nicht mehr umgesetzt.

Stattdessen wurden die Panzergrenadierkompanien aus den Panzerbataillonen wieder ausgegliedert und zur Aufstellung des Panzergrenadierbataillons 341 – dem späteren Panzergrenadierbataillon 62 in Wolfhagen – in Neustadt (Hessen) herangezogen.

Das Versorgungsbataillon 66 wurde zum 1. Oktober 1972 aufgelöst und aus diesen die Instandsetzungs- und Nachschubkompanie 60 aufgestellt. Die Sanitätskompanie des Versorgungsbataillons wurde ebenso aufgelöst wie die Stabs- und Versorgungskompanie.

Damit gliederte sich die Panzerbrigade 6 im Frühjahr/Sommer 1975 in:

- Stab- / Stabskompanie Panzerbrigade 6 (Neustadt / Hessen)
- Panzergrenadierbataillon 341 (Neustadt / Hessen), später: Wolfhagen
- Panzergrenadierbataillon 62 (Neustadt / Hessen)
- Panzerbataillon 63 (Stadtallendorf – Hessenkaserne)
- Panzerbataillon 64 (Stadtallendorf – Hessenkaserne)
- Panzerartilleriebataillon 65 (Stadtallendorf – Herrenwaldkaserne)
- Panzerjägerkompanie 60 (Stadtallendorf – Hessenkaserne)
- Panzerpionierkompanie 60 (Stadtallendorf – Herrenwaldkaserne)
- Nachschubkompanie 60 (Neustadt / Hessen)
- Instandsetzungskompanie 60 (Neustadt /Hessen)

Eingangsbereich der Hessen-Kaserne in Stadtallendorf, in der neben der Panzerjägerkompanie
auch die Panzerbataillone der Brigade stationiert waren
(Fotograf: Uwe Walter)

Die Panzerbrigade 6 war wie die Panzerbrigaden 14 und 34 zwischen Juli 1976 und Juni 1977 an der Erprobung der Heeresstruktur IV beteiligt.

Im Rahmen dieser Erprobung wurde die Panzerbrigade 6 nach über zwanzigjähriger Zugehörigkeit zur 2. Jägerdivision - wie die 2. Panzergrenadierdivision zu diesem Zeitpunkt hieß - zum Jahresanfang 1977 der in Diez an der Lahn beheimateten 5. Panzerdivision unterstellt.

Die Kommandeure der PzBrig 6 (alt):

07/1957 – 11/1957	Oberst	Leo Drossel,
12/1957 – 08/1959	Oberst	Frithjof Heyse,
12/1959 – 08/1961	Oberst	Gerd Ruge,
09/1961 – 03/1964	Oberst	Dietrich Langel,
04/1964 – 03/1968	Oberst	Josef Rettemeier,
04/1968 – 09/1970	Oberst	Anton Burnhauser,
10/1970 – 09/1975	Brigadegeneral	Karl-Heinz Jörgens,
10/1975 – 04/1978	Brigadegeneral	Karl-Erich Diedrichs,
04/1978 – 09/1980	Oberst	Christoph-Adolf Fürus,
10/1980 – 09/1981	Oberst	Klaus-Christoph Steinkopff

Zum 1. Oktober 1981 wurde die Heeresstruktur IV eingenommen und mit Organisationsbefehl Nr. 609 (H) des deutschen Heeres vom 2. April 1981 in PANZERBRIGADE 14 umbenannt. Die Panzerverbände sowie selbstständigen Brigadeeinheiten führten anstatt der Nummer „6" nun die Nummer „14". Gleichzeitig wurde als viertes Kampfbataillon das gemischte teilaktive Panzerbataillon 141 (ta), dessen Stab sowie die Stabs- und Versorgungskompanie (1./141) nicht aktiv - also als Geräteeinheit gekadert - gewesen ist. Die drei Kampfkompanien waren dem Panzergrenadierbataillon 142 (2./141) sowie den Panzerbataillonen 143 (3./141) und 144 (4./141) als jeweils fünfte Kompanie unterstellt. Im Falle der Mobilmachung wären der Stab sowie die Stabs- und Versorgungskompanie aktiviert worden, die drei Kampfkompanien unterstellt und somit das gemischte Panzerbataillon 141 das vierte Kampfbataillon der Brigade geworden.

Die Panzerbrigade 14 gliederte sich damit in:

- Stab / Stabskompanie Panzerbrigade 14 (Neustadt / Hessen),
- gemischtes Panzerbataillon 141 (ta) (Stadtallendorf – Hessenkaserne),
- Panzergrenadierbataillon 142 (Neustadt / Hessen),
- Panzerbataillon 143 (Stadtallendorf – Hessenkaserne),
- Panzerbataillon 144 (Stadtallendorf – Hessenkaserne),
- Panzerartilleriebataillon 145 (Stadtallendorf – Herrenwaldkaserne),
- Panzerjägerkompanie 140 (Stadtallendorf – Hessenkaserne).
- Panzerpionierkompanie 140 (Stadtallendorf – Herrenwaldkaserne),
- Nachschubkompanie 140 (Neustadt / Hessen),
- Instandsetzungskompanie 140 (Neustadt /Hessen)

Ab Februar 1985 wurden die Panzerbataillone 143 und 144 auf den Kampfpanzer LEOPARD 2 umgerüstet. Diese Umrüstung war im Herbst 1986 beendet.

Im Oktober 1990 vollenden Rekruten, die noch in den neuen Bundesländern in die Nationale Volksarmee der ehemaligen DDR eingezogen waren, beim Panzergrenadierbataillon 142 ihre Grundausbildung.

Kurz nach der deutschen Wiedervereinigung: Trabant der ehemaligen Volksarmee im Stab des Panzerbataillons 144
(Fotosammlung Uwe Walter / Nachlass S. Walter, Kassel)

Im August 1992 wurde der Neustädter Brigade der Beiname „Hessischer Löwe" verliehen, der auf Wunsch des damaligen Brigadekommandeurs Brigadegeneral Rainer Jung zurückgeht.

Die Einnahme der Heeresstruktur V, die auf den Brigadeebenen zu einer Einheitsgliederung führte, brachte auch der Panzerbrigade 14 erhebliche Veränderungen:
So wurde das Panzerbataillon 143 umgegliedert und gliederte sich neben dem Bataillonsstab in eine Stabs- und Versorgungskompanie (1./141), vier Kampfkompanien (2./143, 3./143, 4./143, 5./141) zu je dreizehn Kampfpanzern Leopard 2 A4, eine Unteroffizierlehrkompanie (6./143) und eine nicht aktive Feldersatzkompanie (7./143), in der die Reservisten des Bataillons in Reserveübungen ausgebildet wurden. Das Panzerbataillon 144 wurde in eine nicht aktive Geräteeinheit mit Stamm- und Aufwuchsbeziehungen zum Panzerbataillon 143 umgegliedert, dessen Großgerät und Material in einem Depot – unter luft- und wasserdichten Planen – Langzeit gelagert wurde. Im Falle der Mobilmachung wäre das Panzerbataillon 144 aktiviert und zu einem voll ausgestattetem Kampfverband der Panzerbrigade 14 worden. Wie das Panzerbataillon 144 wurde auch das Panzergrenadierbataillon 142, jedoch in Schwarzenborn, Langzeit gelagert. Dort nahm diese nicht aktive Geräteeinheit Stamm- und Aufwuchsbeziehungen zum dortigen Panzergrenadierbataillon 152 auf. Im Jahr 1993 folgte die Außerdienststellung des Panzerartilleriebataillons 145 und der Panzerjägerkompanie 140 sowie der logistischen Einheiten der Brigade.

Das Panzergrenadierbataillon 152 kam ebenfalls neu unter das Kommando der Panzerbrigade 14, wie auch die Mengeringhäuser Panzerjäger und die dortigen Panzerartilleristen. In Sontra, Husaren-Kaserne, wurde die aktive Panzeraufklärungskompanie 140 neu aufgestellt, die sich in sechs Spähtrupps zu je zwei Spähpanzer LUCHS sowie drei Radarträgern RASIT gliederte. In der Heeresstruktur V blieb die Panzerbrigade 14 als teilaktive Brigade eine von zwei Brigaden im Bereich des Wehrbereichskommando IV / 5. Panzerdivision bestehen.

Die Panzerbrigade 14 „Hessischer Löwe" gliederte sich damit als teilmechanisierte Brigade in:

- Stab- / Stabskompanie Panzerbrigade 14 (Neustadt / Hessen)
- Panzergrenadierbataillon 152 (Schwarzenborn), sowie das nichtaktive Panzergrenadierbataillon 142 ebenfalls in Schwarzenborn stationiert,
- Panzerbataillon 143 (Stadtallendorf – Hessenkaserne), sowie das nichtaktive Panzerbataillon 144 ebenda,
- Panzerartilleriebataillon 65 (Bad Arolsen - Mengeringhausen),
- Panzerjägerkompanie 60 (Bad Arolsen - Mengeringhausen),
- Panzerpionierkompanie 140 (Stadtallendorf – Herrenwaldkaserne),
- Panzeraufklärungskompanie 140 (Sontra)

Aufgrund von weiteren Sparmaßnahmen innerhalb des Verteidigungsaushaltes wurden zum 30. September 1996 die Panzerjägerkompanie 60 aufgelöst sowie das Panzerartilleriebataillon 65 in eine nichtaktive Geräteeinheit umgegliedert. Zwei Panzerjägerzüge mit jeweils drei Raketenjagdpanzer Jaguar werden in die schwere Kompanie der Panzergrenadierbataillone 152 und 142 eingegliedert. Während es für die aufgelöste Panzerjägerkompanie keinen Ersatz gibt, wird das Panzerartilleriebataillon 65 durch das Panzerartilleriebataillon 55 in Homberg (Efze) ersetzt, das nun unter das Neustädter Brigadekommando wechselt. Zudem wird der Panzerbrigade 14 „Hessischer Löwe" das Panzerbataillon 64 aus Wolfhagen als zweites Panzerbataillon truppendienstlich unterstellt.

Im Januar 1997 gliedert sich die Panzerbrigade 14 „Hessischer Löwe" damit in:

- Stab- / Stabskompanie Panzerbrigade 14 (Neustadt / Hessen)
- Panzergrenadierbataillon 152 / 142 (na), Schwarzenborn, Knüll-Kaserne,
- Panzerbataillon 143 / 144 (na) Stadtallendorf – Hessenkaserne,
- Panzerbataillon 64 / 63 (na), Wolfhagen, Pommern-Kaserne,
- Panzerartilleriebataillon 55, Homberg (Efze), Dörnberg-Kaserne),
- Panzerpionierkompanie 140, Stadtallendorf, Herrenwaldkaserne),
- Panzeraufklärungskompanie 140, Sontra, Husaren-Kaserne

Die Kommandeure der PzBrig 14 „Hessischer Löwe":

10/1981 – 03/1983	*Brigadegeneral Klaus-Christoph Steinkopff,*
03/1983 – 01/1988	*Brigadegeneral Wilhelm Tolksdorf,*
02/1988 – 09/1989	*Brigadegeneral Jochen Lehmann,*
12/1989 – 09/1992	*Brigadegeneral Rainer Jung,*
10/1992 – 03/1996	*Brigadegeneral Dr. Klaus Wittmann,*

Instandsetzungskompanie 140

Aufstellung:

Die Instandsetzungskompanie 140 ging am 1. Oktober 1981 durch Umbenennung der Instandsetzungskompanie 60 hervor. Die Instandsetzungskompanie 60 wurde am 1. Juli 1972 aufgestellt und ging aus Teilen des Versorgungsbataillons 66 hervor, dass 1959 aufgestellt wurde.

frühere Benennungen:

1959 – 1972   Versorgungsbataillon 66,

1972 – 1981   Instandsetzungskompanie 60

Standort:

1959 – 1993   Neustadt (Hessen), Ernst-Moritz-Arndt-Kaserne

Unterstellungen:

1959 – 1981   Panzerbrigade 6,

1981 – 1993   Panzerbrigade 14,

Auflösung:

Die Instandsetzungskompanie 140 wird zum 30. September 1993 aufgelöst.

LKW 7-Tonner gl (6x6) als Kranwagen der Firma Magirus-Deutz,
dieses Fahrzeug war auch in der Instandsetzungskompanie 60/140 zu finden
(Fotosammlung Uwe Walter / Nachlass S. Walter, Kassel)

Nachschubkompanie 140

Aufstellung:

Die Nachschubkompanie 140 ging am 1. Oktober 1981 durch Umbenennung der Nachkompanie 60 hervor. Die Nachschubkompanie 60 wurde am 1. Juli 1972 aufgestellt und ging aus Teilen des Versorgungsbataillons 66 hervor, dass im Jahr 1959 aufgestellt wurde.

frühere Benennungen:

1959 – 1972   Versorgungsbataillon 66,
1972 – 1981   Nachschubkompanie 60,

Standort:

1959 – 1993   Neustadt (Hessen), Ernst-Moritz-Arndt-Kaserne

Unterstellungen:

1959 – 1981   Panzerbrigade 6,
1981 – 1993   Panzerbrigade 14

Veränderung / Auflösung:

Die Nachschubkompanie 140 wird zum 1. April 1993 dem neu aufgestellten Nachschubbataillon 51 in Schwalmstadt-Treysa unterstellt. Sie wird in dieses eingegliedert und verliert damit ihre Selbstständigkeit.

Panzerjägerkompanie 140

Aufstellung:

Im Jahr 1967 wurde in Neustadt (Hessen) die Panzerjägerkompanie 60 aus Abgaben von Personal und Material des Panzergrenadierbataillons 62 aufgestellt, die am 1. Oktober 1981 im Rahmen der Einnahme der Heeresstruktur IV in Panzerjägerkompanie 140 umbenannt wurde.

frühere Benennung:

1967 – 1981   Panzerjägerkompanie 60

Standorte:

1967 – 1972   Neustadt (Hessen),
1972 – 1992   Stadtallendorf, Herrenwald-Kaserne

Unterstellung:

1967 – 1981   Panzerbrigade 6,
1981 – 1992   Panzerbrigade 14

Auflösung:

Die Auflösung der Panzerjägerkompanie 140 erfolgt zum 31. März 1992.

Raketenjagdpanzer Jaguar während einer Ausstellung in der Stadtallendorfer Hessen-Kaserne
(mit freundlicher Genehmigung Fotosammlung C. Heide)

Panzerpionierkompanie 140

Aufstellung:

Die Aufstellung der Panzerpionierkompanie 140 erfolgt durch Umbenennung der Panzerpionierkompanie 60 am 1. Oktober 1981 im Rahmen der Einnahme Heeresstruktur IV. Die Panzerpionierkompanie 60 wurde bereits 1959 aufgestellt.

frühere Benennung:

1959 – 1981   Panzerpionierkompanie 60

Standorte:

1959 – 1960   Neustadt (Hessen),

1960 – 2002   Stadtallendorf, Herrenwald-Kaserne

Unterstellung:

1959 – 1981   Panzerbrigade 6,

1981 – 2002   Panzerbrigade 14

Auflösung:

Die Auflösung der Panzerpionierkompanie 140 erfolgt zum 30. September 2002.

Brückenlegepanzer BIBER (vorne), LKW Mercedes 1017 und Minenwerfer SKORPION der
Panzerpionierkompanie 140 in der Herrenwald-Kaserne, Stadtallendorf
(Fotosammlung Uwe Walter / Nachlass S. Walter. Kassel)

Panzerbataillon 141 (ta)

Aufstellung:
Das teilaktive Panzerbataillon 141 wurde am 1. Oktober 1981 im Rahmen der Einnahme der
Heeresstruktur IV aufgestellt.

Standort:
1981 – 1992   Stadtallendorf, Hessen-Kaserne

Unterstellung:
1981 – 1992   Panzerbrigade 14

Auflösung:
Die Auflösung des Panzerbataillons 141 erfolgt zum 30. September 1992

Panzergrenadierbataillon 142

Aufstellung:

Das Panzergrenadierbataillon 142 wurde am 1. Oktober 1981 durch Umbenennung des Panzergrenadierbataillons 62, das am 16. März 1959 aus dem Grenadierbataillon 2 hervorgegangen ist, aufgestellt. Das Grenadierbataillon 2 wurde in Fulda aus Teilen eines dortigen Bundesgrenzschutzverbandes aufgestellt.

frühere Benennungen:

1956 – 1959   Grenadierbataillon 2,

1959 – 1981   Panzergrenadierbataillon 62

Standorte:

1956   Fulda,

1956 – 1960   Marburg, Tannenberg-Kaserne,

1960 – 1992   Neustadt (Hessen), Ernst-Moritz-Arndt-Kaserne

Unterstellungen:

1956 – 1959   Kampfgruppe A2,

1959 – 1981   Panzerbrigade 6

Veränderung / Auflösung:

Zum 1. Oktober 1992 wird das Panzergrenadierbataillon 142 mit Einnahme der Heeresstruktur V in eine Geräteeinheit umgegliedert und nach Schwarzenborn verlegt, wo es mit dem dortigen Panzergrenadierbataillon 152 Stamm- und Aufwuchsbeziehungen aufnimmt. Die endgültige Auflösung erfolgt zum 31. Dezember 2002.

Schützenpanzer MARDER des Panzergrenadierbataillons 142, während des Stadtallendorfer Heimat-und Soldatenfestes 1991,
Es ist eines der letzten Fotos von Fahrzeugen des Bataillons, bevor die Umgliederung in eine Geräteeinheit erfolgte.
(Fotosammlung Uwe Walter / Nachlass S. Walter)

Panzerbataillon 143

Aufstellung:

Das Panzerbataillon 143 ging am 1. Oktober 1981 durch die Umbenennung des in Stadtallendorf beheimateten Panzerbataillons 63 hervor.

Das Panzerbataillon 63 wiederum wurde im März 1959 aufgestellt und ging aus dem ehemaligen Panzerjägerbataillon 2, welches im Jahr 1956 aufgestellt wurde, hervor.

frühere Benennungen:

1956 – 1959   Panzerjägerbataillon 2,

1959 – 1981   Panzerbataillon 63,

Standorte:

1956 – 1959   Baumholder, Niederlahnstein, Wildflecken, Marburg,

1959 – 2003   Stadtallendorf, Hessen-Kaserne

Unterstellungen:

1956 – 1959   2. (Panzer)Grenadierdivision,

1959 – 1981   Panzerbrigade 6,

1981 – 2003   Panzerbrigade 14

Auflösung:

Das Panzerbataillon 143 wird zum 30. Juni 2003 aufgelöst.

Kampfpanzer Leopard 2 A4 während einer Übung des Panzerbataillons 143
(Fotosammlung Uwe Walter / Nachlass S. Walter, Kassel)

Panzerbataillon 144

Aufstellung:

Das Panzerbataillon 144 ging durch Umbenennung des in Stadtallendorf beheimateten Panzerbataillons 64 am 1. Oktober 1981 hervor.

Das Panzerbataillon 64 wurde im April 1961 aus Teilen des Panzerbataillons 63 aufgestellt.

frühere Benennung:

1961 – 1981   Panzerbataillon 64,

Standort:

1961 – 1992   Stadtallendorf, Hessen-Kaserne

Unterstellung:

1961 – 1981   Panzerbrigade 6.

1961 – 1992   Panzerbrigade 14

Veränderung / Auflösung:

Das Panzerbataillon 144 wird zum 1. Oktober 1992 in eine nichtaktive Geräteeinheit umgegliedert, dessen Großgerät in Depots Langzeit eingelagert wird. Diese Geräteeinheit nimmt zum Panzerbataillon 143 Stamm- und Aufwuchsbeziehungen auf. Die endgültige Auflösung erfolgte zusammen mit der Stammeinheit Panzerbataillons 143 zum 30. Juni 2003.

Kampfpanzer Leopard 2 A4 des Panzerbataillons 144 auf dem Stadtallendorfer Standortübungsplatz
(Fotosammlung Uwe Walter / Nachlass S. Walter, Kassel)

Panzerartilleriebataillon 145

Aufstellung:

Das Panzerartilleriebataillon 145 wurde am 1. Oktober 1981 durch Umbenennung des Panzerartilleriebataillons 65 aufgestellt.

Bereits im April 1959 wird das Panzerartilleriebataillon 65 in Niederlahnstein aufgestellt.

frühere Benennung:

1959 – 1981   Panzerartilleriebataillon 65,

Standorte:

1959   Niederlahnstein, Deines-Bruchmüller-Kaserne,

1959 – 1993   Stadtallendorf, Herrenwald-Kaserne

Unterstellungen:

1959 – 1981   Panzerbrigade 6,

1981 – 1993   Panzerbrigade 14

Auflösung:

Die Auflösung des Panzerartilleriebataillons 145 erfolgt zum 31. März 1993.

Panzerhaubitze M-109 A3 GE mit 155mm Kanone, mit dem das Panzerartilleriebataillon 145 zuletzt ausgerüstet waren
(Fotosammlung Uwe Walter / Nachlass S. Walter, Kassel)

Soldaten der 5. Panzerdivision üben an der Infanterieschule in Hammelburg in der Stadt Bonnland
(Fotosammlung Uwe Walter / mit freundlicher Genehmigung FL-Fotografie)

Infanterieschule Hammelburg in den 1980iger Jahren: 5. Panzerdivision in Bonnland
(Fotosammlung Uwe Walter / mit freundlicher Genehmigung FL-Fotografie)

Panzerbrigade 15
„Westerwald"

Die Panzerbrigade 15 „Westerwald" war die dritte Brigade der ehemaligen 5. Panzerdivision aus Diez an der Lahn.

Nach Verlegung der Kampfgruppen A5 und B5 von Truppenübungsplätzen in Bayern nach Koblenz und Wetzlar erfolgte in Koblenz ab Dezember 1957 die Aufstellung der Kampfgruppe C5 in der Koblenzer Augusta-Kaserne. Das Führungspersonal rekrutierte sich größtenteils aus Personalabgaben der Kampfgruppe A5.

Der Stationierungsraum der Kampfgruppe C5 und der späteren Panzerbrigade 15 sollte zunächst das Bundesland Rheinland-Pfalz mit den Standorten Koblenz sowie den Westerwaldorten Westerburg und Rennerod sein. In den späten 1960iger und frühen 1980iger Jahren kamen mit den Bundeswehrstandorten Hessisch-Lichtenau und Schwarzenborn zwei Bundeswehrstandorte auf hessischem Boden hinzu. Da ein Großteil der Verbände der Panzerbrigade 15 in den Westerwaldstandorten Westerburg, Rennerod und Koblenz stationiert war, wurde aus diesem Grunde der Panzerbrigade 15 am 8. Juli 1988 in Westerburg durch Genehmigung des damaligen Inspekteurs des Heeres auch der Beiname „Westerwaldbrigade" verliehen.

Als erster Truppenverband führte die Kampfgruppe C5 das Grenadierbataillon 25 sowie das I. Bataillon / Panzerartillerieregiment 5, dem späteren Panzerartilleriebataillon 155. Am 16. März 1959 wurde die Kampfgruppe C5 in Panzerbrigade 15 umbenannt. Der Brigadestab und die Stabskompanie wurden in Koblenz-Niederberg in der Flak-Kaserne, der späteren Fritsch-Kaserne, stationiert. Dort sollten der Brigadestab sowie die Stabskompanie bis zu ihrer Auflösung im Kalenderjahr 1993 stationiert bleiben.

In der Heeresstruktur II (1959 – 1970) waren nachfolgende Truppenteile der Panzerbrigade 15 neben ihrem dem Stab sowie der Stabs- und Versorgungskompanie der Brigade unterstellt:

- Panzergrenadierbataillon 152 in Westerburg,
- Panzerbataillon 153 in Koblenz,
- Panzerbataillon 154 in Hessisch-Lichtenau,
- Panzerartilleriebataillon 155 in Lahnstein,
- Versorgungsbataillon 156 in Rennerod,

Als erstes Großgerät in der Kampfgruppe C5 konnte das Panzerbataillon 25/153 auf die amerikanischen Kampfpanzer M47 und M48 A1 (ab dem Jahr 1958) zurückgreifen. In den Jahren 1967 / 1968 wurden in dem Bataillon der Kampfpanzer Leopard 1 eingeführt, die wiederum im Jahr 1985 durch den Kampfpanzer Leopard 2 ausgetauscht wurden.

Erst sehr spät war das Panzerbataillon 154 in Hessisch-Lichtenau vollständig aufgestellt, das seine letzte Panzerkompanie erst im Jahr 1968 erhielt. Auch hier waren die Kampfpanzer M48 A1 und später der Kampfpanzer Leopard 1 zu finden.

Kampfpanzer M48 A1 in Hessisch-Lichtenau, Blücher-Kaserne
(Fotosammlung Uwe Walter / mit freundlicher Genehmigung Herr Hüter)

Das Panzergrenadierbataillon 152 wurde ab dem Jahr 1962 mit dem Schützenpanzer HS-30 ausgerüstet, der im Jahr 1972 durch den Schützenpanzer MARDER ersetzt wurde.

Die noch fehlenden Kompanien der Panzerjäger und Panzerpioniere als selbstständige Brigadeeinheiten wurden erst in den späteren 1960iger Jahren aufgestellt, als die Wäller-Kaserne in Westerburg von der Bundeswehr bezogen werden konnten. Diese beiden selbständigen Brigadeeinheiten waren von ihrer Aufstellung bis zu ihrer Auflösung in den Jahren 1997 und 2002 ausschließlich in Westerburg stationiert.

Übergabe des Bundeswehrstandorts Westerburg – Wäller-Kaserne – an das Panzergrenadierbataillon 152
(Fotosammlung Uwe Walter / mit freundlicher Genehmigung Pressestab PzGrenBtl 152)

Schützenpanzer MARDER, die im Jahr 1972 an das Panzergrenadierbataillon 152 in Westerburg übergeben wurden
(Fotosammlung Uwe Walter / mit freundlicher Genehmigung Pressestab PzGrenBtl 152)

Weiterhin gab es in der Panzerbrigade 15 einen Panzerspähzug, der am 1. Oktober 1965 in Koblenz, Flak-Kaserne, aufgestellt wurde und in die Stabskompanie der Brigade eingegliedert wurde. Bereits im Jahr 1972, ebenfalls zum 1. Oktober wurde dieser Panzerspähzug ausgegliedert und als selbstständige Brigadeeinheit truppendienstlich durch den Brigadestab geführt, bevor die Wiedereingliederung, jetzt als Panzerspähzug 150, zum 1. April 1978 erfolgte. Endgültig aus dem Verantwortungsbereich der Panzerbrigade 15 wurde der Panzerspähzug 150 – mittlerweile in Brigadespähzug 150 umbenannt – zum 1. April 1982 verabschiedet, als er nach Sontra verlegt und in die vierte Kompanie des dortigen Panzeraufklärungsbataillons 5 eingegliedert wird.

In dem Panzerspähzug 150 bzw. Brigadespähzug waren zunächst der Schützenpanzer KURZ, ab etwa dem Jahr 1978/1979 der Spähpanzer LUCHS zu finden.

Spähpanzer Kurz – genannt Hotchkiss – mit dem der Brigadespähzug der Panzerbrigade 15 bis zum Jahr 1978/1979 ausgestattet war
(Fotosammlung Uwe Walter / Nachlass S. Walter, Kassel)

Im Rahmen der Heeresstruktur III wurde zum 30. September 1972 das Versorgungsbataillon der Brigade aufgelöst, aus dem am 1. Oktober 1972 als selbstständige Brigadeeinheiten mit den logistischen Teilen die Nachschub- und Instandsetzungskompanie der Brigade aufgestellt werden.

Als letzte Struktur der Panzerbrigade 15 wurde die Heeresstruktur IV am 1. Oktober 1981 eingenommen. Bevor diese Struktur jedoch eingenommen werden konnte, mussten einige Bataillone umgegliedert, neu aufgestellt oder an andere Brigaden abgegeben werden.

Neuaufgestellt wurden die Panzerbataillone 151 (ta) und 154 in Koblenz und Westerburg. Das Besondere an dem gemischten Panzerbataillon 151 war, dass es ein teilaktives Bataillon gewesen ist, dessen Stab sowie die Stabs- und Versorgungskompanie (1./151) in Koblenz als nichtaktive Geräteeinheit gekadert war. Die Panzergrenadierkompanie (2./151) war dem Panzergrenadierbataillon 152 in Schwarzenborn sowie die Panzerkompanien (3./151 und 4./151) waren als jeweils fünfte Kompanie den Panzerbataillonen 153 und 154 truppendienstlich unterstellt und wären im Verteidigungsfall oder zu Übungszwecken dem aktivierten Bataillonsstab unterstellt worden. Somit hätte die Panzerbrigade 15 ein viertes Kampfbataillon in seinen Reihen gehabt.

Das neu aufgestellte Panzerbataillon 154 (neu), das durch Umgliederung und Umbenennung des Westerburger Panzergrenadierbataillons 152 hervorging, gliederte sich neben seinem Stab sowie der Stabs- und Versorgungskompanie (1./154) in drei Panzerkompanien (2./154, 3./154, 4./154). Zunächst war das Bataillon mit dem Kampfpanzer LEOPARD 1, die vom Panzerlehrbataillon 93 aus Munster nach Westerburg abgegeben wurden und ab dem Jahr 1985 mit dem Kampfpanzer LEOPARD 2 ausgestattet.

Um das „neue" Panzergrenadierbataillon 152 in Schwarzenborn aufzustellen, wurde der Panzerbrigade 15 zunächst das Jägerbataillon 132, das aus dem im Jahr 1961 aufgestellten Panzergrenadierbataillon 132 hervorging, truppendienstlich unterstellt. Die Westerburger Panzergrenadiere verlegten samt Material sowie Personal nach Schwarzenborn und stellten durch Umgliederung des Jägerbataillons 132 das „neue" Panzergrenadierbataillon 152 auf.

Abgegeben wurde an die Panzergrenadierbrigade 5 das Panzerbataillon 154 (alt) in Hessisch-Lichtenau. Im Rahmen der Einnahme der Heeresstruktur IV wurde das Panzerbataillon 154 (alt) in Panzerbataillon 54 (neu) umbenannt und schließlich als Truppenteil der ehemaligen 2. Panzergrenadierdivision zum 30. September 1992 aufgelöst.

Die Umgliederungen, Neuaufstellungen und Umbenennungen für die Heeresstruktur IV waren zum 1. Oktober 1981 abgeschlossen und die Panzerbrigade 15 „Westerwald" nahm, was zu diesem Zeitpunkt aber niemand erahnen konnte, seine letzte nachfolgende Gliederung ein:

- Stab und Stabskompanie Panzerbrigade 15 in Koblenz,
- gemischtes Panzerbataillon 151 (ta) in Koblenz,
- Panzergrenadierbataillon 152 in Schwarzenborn,
- Panzerbataillon 153 in Koblenz,
- Panzerbataillon 154 in Westerburg,
- Panzerartilleriebataillon 155 in Lahnstein,
- Panzerjägerkompanie 150 in Westerburg,
- Panzerpionierkompanie 150 in Westerburg,
- Instandsetzungskompanie 150 in Rennerod,
- Nachschubkompanie 150 in Rennerod

Kurz nach der Übernahme seiner Amtsgeschäfte als Bundeskanzler am 1. Oktober 1982 besucht Dr. Helmut Kohl die Panzerbrigade 15, die auf dem Standortübungsplatz Koblenz-Schmdtenhöhe ihr Leistungsvermögen dem neuen Bundeskanzler präsentiert.

Das Jahr 1987 steht ganz im Zeichen des „runden" Geburtstags der Panzerbrigade, die dreißig Jahre alt wird. Neben einem „Tag der offenen Tür", der Aufführung des „Großer Zapfenstreich" wird auch ein öffentliches Gelöbnis auf der Festung Ehrenbreitstein durchgeführt.

Als erster deutscher Bundeswehrverband nimmt die Panzerbrigade 15 „Westerwald" vom 17. bis 23. September 1989 mit Volltruppe an einer Gefechtsübung des Französischen Heeres in Frankreich teil. Als Teil des ersten französischen Korps ist es das erste Mal seit dem Ende des zweiten Weltkriegs, das deutsche Soldaten außerhalb von Truppenübungsplätzen freilaufend Üben und in oder um französische Ortschaften Posten beziehen.

Als im Mai 1989 in den „eisernen Vorhang" die ersten Risse kamen und durch die damalige kommunistische Volksrepublik Ungarn die Grenzen nach Westen – mit dem Paneuropäischen Picknick – öffnete, konnte niemand ahnen, dass dieses die größte Fluchtwelle von DDR-Bürgern seit Ende des zweiten Weltkrieges zur Folge haben sollte.
Auch die Kasernenanlagen der Panzerbrigade 15 „Westerwald" werden zu Flüchtlingsunterkünften. Am Ende fiel am 9. November 1989 die „Berliner Mauer" und knapp ein Jahr später war das geteilte Deutschland wiedervereint. Diese Wiedervereinigung hatte auch zur Folge, dass die Verbände der Nationalen-Volksarmee über Nacht zu Bundeswehreinheiten wurden und auch die „Westerwaldsoldaten" waren nach dem 3. Oktober 1990 in den Verbänden der ehemaligen Nationalen-Volksarmee tätig und halfen beim Übergang in die Strukturen der Bundeswehr.

Was schon lange in Kreisen der Koblenzer Soldaten, neben der Panzerbrigade 15 gab es neben diversen Korpskommandos auch noch die der 12. Panzerdivision unterstellte Panzerbrigade 34 „Koblenz", gemutmaßt wurde, wird im Mai 1991 zur Gewissheit:

Neben der kompletten Auflösung der Korpskommandos wird auch eine der beiden Koblenzer Panzerbrigaden bis zum 30. September 1993 aufgelöst und es soll nach dem neuen Stationierungskonzept die Panzerbrigade 15 treffen.
Ein Teil seiner Bataillone und selbständigen Brigadeeinheiten soll jedoch erhalten bleiben und den bestehen gebliebenen Panzerbrigaden 14 in Neustadt sowie 34 in Koblenz unterstellt werden.

Dieses bedeutete zunächst für die Soldaten der Panzerbrigade 15 „Westerwald", dass die logistischen Teile, also die Nachschub- und Instandsetzungskompanie, das Panzerartilleriebataillon 155 sowie das Panzerbataillon 151 aufzulösen sind.
Das Panzergrenadierbataillon 152 in Schwarzenborn soll als Stammbataillon für das gekaderte Panzergrenadierbataillon 142 bestehen bleiben und der Panzerbrigade 14 „Hessischer Löwe" in Neustadt unterstellt werden.

Der Panzerbrigade 34, die mit seinem Stab und der Stabskompanie von Koblenz nach Diez an der Lahn verlegt, werden die selbstständigen Brigadeeinheiten Panzerjägerkompanie 150 und Panzerpionierkompanie 150 truppendienstlich unterstellt. Ebenso bestehen bleibt das Panzerbataillon 154, als Stammbataillon für das vorher gekaderte und als Geräteeinheit in Westerburg stationierte Panzerbataillon 153, das ebenfalls zur Panzerbrigade 34 wechselt.

Alle Umgliederungen, Auflösungen und Unterstellungswechsel waren bis zum 30. September 1993 abgeschlossen, als zu diesem Zeitpunkt schließlich neben dem Stab auch die Stabskompanie der Panzerbrigade 15 aufgelöst wurde.

Die Kommandeure der Kampfgruppe C5 / PzBrig 15 „Westerwald":

09/1957 – 01/1959	Oberst	Max Sperling,
02/1959 – 09/1962	Oberst	Gerlach von Gaudecker,
10/1962 – 09/1965	Oberst	Fritz Fechner,
10/1965 – 03/1968	Brigadegeneral	Hermann Büschleb,
04/1968 – 09/1970	Brigadegeneral	Hans-Heinrich Klein,
10/1970 – 09/1971	Brigadegeneral	Dr. Günter Kießling,
10/1971 – 09/1974	Brigadegeneral	Eckhardt Afheldt,
10/1974 – 09/1976	Brigadegeneral	Werner Lange,
10/1976 – 07/1982	Brigadegeneral	Günter Kriebel,
07/1982 – 03/1985	Oberst	Werner von Scheven,
04/1985 – 03/1986	Oberst	Eckhardt Stuart,
04/1986 – 09/1989	Oberst	Dieter Stöckmann,
10/1989 – 03/1991	Brigadegeneral	Hans-Peter von Kirchbach,
03/1991 – 09/1993	Brigadegeneral	Axel Bürgener

Instandsetzungskompanie 150

Aufstellung:
Aus Personal- und Materialabgaben des ehemaligen Versorgungsbataillons 156 wird am 1. Oktober 1972 die Instandsetzungskompanie 150 aufgestellt.

Standort:
1972 – 1993   Rennerod, Alsberg-Kaserne

Unterstellung:
1972 – 1993   Panzerbrigade 15

Auflösung:
Die Instandsetzungskompanie 150 wird zum 30. September 1993 aufgelöst.

Nachschubkompanie 150

Aufstellung:

Aus Personal- und Materialabgaben des ehemaligen Versorgungsbataillons 156 wird am 1. Oktober 1972 die Nachschubkompanie 150 aufgestellt.

Standort:

1972 – 1993   Rennerod, Alsberg-Kaserne

Unterstellung:

1972 – 1993   Panzerbrigade 15

Auflösung:

Die Instandsetzungskompanie 150 wird zum 30. September 1993 aufgelöst.

Panzerjägerkompanie 150

Aufstellung:

Die Panzerjägerkompanie 150 wird am 1. Oktober 1968 in Westerburg aufgestellt.

Standort:

1968 – 1997   Westerburg, Wäller-Kaserne

Unterstellungen:

1968 – 1993   Panzerbrigade 15,

1993 – 1997   Panzerbrigade 34

Auflösung:

Die Panzerjägerkompanie 150 wurde im Rahmen der weiteren Reformen des deutschen Heeres zum 30. September 1997 aufgelöst. Zwei Panzerjägerzüge wurden vorher in die schwere Panzergrenadierkompanie des Panzergrenadierbataillons 342 und des nicht aktiven Panzergrenadierbataillons 343 (GE) in Koblenz eingegliedert.

Pionierkompanie 150

Aufstellung:

Aus Abgaben von Material und Personal der Korpspionierkommandatur 3 des III. Korps wird am 16. Oktober 1966 in Westerburg die Panzerpionierkompanie 150 aufgestellt.

Standort:

1966 – 2002   Westerburg, Wäller-Kaserne

Unterstellungen:

1966 – 1993   Panzerbrigade 15,

1993 – 2002   Panzerbrigade 34

Auflösung:

Zum 31. März 2002 wird die Panzerpionierkompanie 150 aufgelöst.

Panzerbataillon 151(ta)

Aufstellung:

Das Panzerbataillon 151 (ta) wurde am 1. Oktober 1981 aus Teilabgaben der Panzerbataillone 153 und 154 (alt) sowie des Panzergrenadierbataillons 152 (alt) in der Koblenzer Fritsch-Kaserne im Ortsteil Niederberg aufgestellt und nahm neben dem Stab folgende Gliederung ein:

1./151 Stabs- und Versorgungskompanie (Geräteeinheit) in Koblenz-Niederberg,

2./151 Panzergrenadierkompanie in Schwarzenborn,

3./151 Panzerkompanie in Koblenz-Niederberg,

4./151 Panzerkompanie in Westerburg

Die Stabs- und Versorgungskompanie des Bataillons war gekadert, d. h. im Verteidigungsfall wäre die Kompanie aktiviert worden und die Kampfkompanien dem Stab sowie der Stabs- und Versorgungskompanie unterstellt worden. Somit wäre das Panzerbataillon 151 zu einem vierten Kampfbataillon der Panzerbrigade 15 aufgewachsen.

Standort:

1981 – 1992   Koblenz-Niederberg, Fritsch-Kaserne

Unterstellung:

1981 – 1992   Panzerbrigade 15

Auflösung:

Im Rahmen der Einnahme der Heeresstruktur V und die damit verbundene Truppenverkleinerung wurde das Panzerbataillon 151 zum 30. September 1992 aufgelöst.

Panzergrenadierbataillon 152

Aufstellung:

Das Panzergrenadierbataillon 152 wurde am 1. Oktober 1981 durch Umgliederung und Umbenennung des Jägerbataillons 132 aufgestellt.

frühere Benennungen:

1961 – 1973   Panzergrenadierbataillon 132,

1973 – 1981   Jägerbataillon 132

Standort:

1961 – 2006   Schwarzenborn, Knüll-Kaserne

Unterstellungen:

1961 – 1981   Panzergrenadierbrigade 13,

1981 – 1993   Panzerbrigade 15,

1993 – 2006   Panzerbrigade 14

Veränderung:

Das Panzergrenadierbataillon 152 wird zum 1. Juli 2006 im Rahmen der Neuordnung des deutschen Heeres der luftbeweglichen / luftmechanisierten Brigade 1 in Fritzlarer unterstellt und in das Jägerregiment 1 umgegliedert.

Eine erneute Umbenennung und Umgliederung erfolgt mit der weiteren Transformation des deutschen Heeres, als auch das Jägerregiment 1 in das heutige Jägerbataillon 1 umgegliedert wird. Da auch die Luftbewegliche / luftmechanisierte Brigade aufgelöst wird, erfolgt für das Jägerbataillon 1 die Unterstellung unter die Panzerbrigade 21 „Lipperland".

1982: während REFORGER „Carabine Fortress", an der das Panzergrenadierbataillon 152 teilnahm
(Fotosammlung Uwe Walter / mit freundlicher Genehmigung Pressestab PzGrenBtl 152)

1983: Instandsetzungsarbeiten des Instandsetzungszugs während des Truppenübungsplatzaufenthaltes in Kanada
(Fotosammlung Uwe Walter / mit freundlicher Genehmigung Pressestab PzGrenBtl 152)

1986: bei der Heeresübung „Fränkischer Schild" als Übungstruppe rot
(Fotosammlung Uwe Walter / mit freundlicher Genehmigung Pressestab PzGrenBtl 152)

Panzerbataillon 153

Aufstellung:

Am 16. Oktober 1957 wird in Koblenz, Flak-Kaserne, das Panzerbataillon 25 aufgestellt. Die Umbenennung des Panzerbataillons 25 erfolgt am 16. März 1959 in Panzerbataillon 153.

frühere Benennung:

1957 – 1959   Panzerbataillon 25

Standort:

1957 – 1992   Koblenz-Niederberg, Fritsch-Kaserne

Unterstellungen:

1957 – 1959   5. Panzerdivision,

1959 – 1992   Panzerbrigade 15

Veränderung / Auflösung:

Das Panzerbataillon 153 wird zum 30. September 1992 nach Westerburg verlegt, wo es in eine nicht aktive Geräteeinheit umgegliedert wird, die Stamm-Aufwuchsbeziehungen zum Panzerbataillon 154 aufnimmt.

In einem großen Auflösungsappell am 6. September 2002 in der Wäller-Kaserne in Westerburg wird das nicht aktive Panzerbataillon 153 zum 30. September 2002 aufgelöst.

Kampfpanzer Leopard 1 des Panzerbataillons 153 während einer freilaufenden Übung im Westerwald in den frühen 1980iger Jahren
(Fotosammlung Uwe Walter / Nachlass S. Walter, Kassel)

Panzerbataillon 154

Aufstellung:

In den Anfangsjahren der Bundeswehr und der 5. Panzerdivision wird in Koblenz im Jahr 1957 das Grenadierbataillon 25 aufgestellt. Mit Einnahme der Heeresstruktur II wird das Grenadierbataillon 25 am 16. März 1959 in Panzergrenadierbataillon 152 umbenannt und im Jahr 1966 nach Westerburg verlegt.

Am 1. Oktober 1981 sind die Umgliederungen des Panzergrenadierbataillons 152 in ein Panzerbataillon abgeschlossen und es erfolgt die Umbenennung in Panzerbataillon 154.

frühere Benennungen:

1957 – 1959   Grenadierbataillon 25,

1959 – 1981   Panzergrenadierbataillon 152

Standorte:

1957 – 1966   Koblenz,

1966 – 2006   Westerburg, Wäller-Kaserne

Unterstellungen:

1957 – 1959   5. Panzerdivision / Kampfgruppe C5,

1959 – 1993   Panzerbrigade 15,

1993 – 2002   Panzerbrigade 34,

2002 – 2006   Panzerbrigade 14

Auflösung:

Das Panzerbataillon 154 wurde zum 31. März 2006 aufgelöst.

Eine Kompanie des Panzerbataillons 154 aus Westerburg als Übungstruppe weiß, im Schiedsrichterdienst
(Fotosammlung Uwe Walter / Nachlass S. Walter, Kassel)

Ein Kampfpanzer Leopard 1 des Panzerbataillons 154 (alt) überquert während einer Übung die Weser, dessen Brückenschlag am Wasserübungsplatz in Hannoversch-Münden durch das Pionierbataillon 5 gebaut wurde
(Fotosammlung Uwe Walter / Nachlass S. Walter, Kassel)

Vorgänger und Nachfolger in Westerburg beim Panzerbataillon 154 (neu):
Kampfpanzer Leopard 1 (links) und Kampfpanzer Leopard 2 (rechts)
(Fotosammlung Uwe Walter / mit freundlicher Genehmigung Herr Buchner)

Panzerartilleriebataillon 155

Aufstellung:

Im August 1956 wird auf dem Truppenübungsplatz Hohenfels das I. Bataillon des Panzerartillerieregiments 5 aufgestellt und kurze Zeit nach Lahnstein verlegt.

Im Rahmen der Einnahme der Heeresstruktur II wird das Bataillon geteilt und aus einem Teil wird am 16. März 1959 das Panzerartilleriebataillon 155 aufgestellt.

frühere Benennung:

1956 – 1959   I. Bataillon / Panzerartillerieregiment 5

Standorte:

1956 – 1957   Truppenübungsplatz Hohenfels,

1957 – 1991   Lahnstein, Deines-Bruchmüller-Kaserne

Unterstellungen:

1956 – 1959   Panzerartillerieregiment 5,

1959 – 1991   Panzerbrigade 15

Auflösung:

Als erstes Panzerartilleriebataillon der Bundeswehr wird im Vorgriff auf die Einnahme der Heeresstruktur V zum 30. September 1991 das Panzerartilleriebataillon 155 aufgelöst.

Panzerhaubitze M-109 GE A3 155mm auf dem Standortübungsplatz Koblenz/Lahnstein
(Fotograf: Uwe Walter)

Quellennachweise für Fotos / Bilder:

Die hier gezeigte Fotos / Bilder sind größtenteils aus meinem recht großen Fotoarchiv, das sich in den letzten 25 - 30 Jahren angesammelt hat. Sollten mir von anderen Fotografen oder Institutionen Fotos zur Verfügung gestellt worden sein, so sind diese unter dem entsprechenden Foto / Bild aufgeführt. Da es sich bei dem hier vorliegenden Werk um eine historische, dokumentarische Publikation handelt und die Fotos teilweise sehr alt – für deren teilweiser schlechten Qualität ich mich entschuldige – sind, kann teilweise auch die Herkunft nicht mehr eindeutig / vollständig nachvollzogen werden und es ist keine absichtliche Urheberverletzung vorgenommen worden.

Danksagung:

Es gebührt allen Unterstützern sowie öffentliche Institutionen, wie Stadtverwaltungen und verschiedenen Archiven, die mich über mehr als über 25 Jahren bei der Verwirklichung dieser Werke über die deutsche Militärgeschichte unterstützt haben / unterstützen mein herzlicher Dank. Sei es bei Recherchearbeiten Vorort, in der mir die Möglichkeit gegeben wurde diverse Traditionsräume anzusehen oder in persönlichen Gesprächen mit ehemaligen Angehörigen von aufgelösten Truppenteilen, um die Verbandsgeschichte nach Möglichkeit genau zu recherchieren.

Dank gilt auch den zuständigen Mitarbeitern der entsprechenden Presseoffiziere in Berlin, in Schwarzenborn, Rennerod sowie in Stadtallendorf. Zudem habe ich Unterstützung von Traditionsverbänden erhalten, die sich wie immer die Zeit genommen haben, das vorliegenden Werk zu prüfen, mir mit wertvollen Ratschlägen „zur Seite" gestanden haben und die immer ein „offenes Ohr" bei meinen Fragen hatten.

Im BOD-Buchshop sind weitere Bücher von mir bereits veröffentlicht worden und sind dort auch weiterhin erhältlich. Die Internetadresse lautet:

https://buchshop.bod.de/Uwe Walter